后浪

城史记

杨早 著

我读过的十座城市

北京联合出版公司
Beijing United Publishing Co.,Ltd.

目　录

广州

北京

上海

西安

合肥

城市在你的书架上 (代序)

　　"阅读一座城市"与"住在/旅经一座城市"是完全不同的概念。成百上千万的人住在同一座城市，分享同一批地名、街道与商厦，贴上同一个地域标签，但他们的内心千差万别，与城市的关系暧昧莫名。

　　有朋友说，选择养老的地方，须得是观察而不融入的地方。我大体同意这种看法。一旦融入生活的悲欢、关系的拉扯、人情的往来，城市就会渐渐隐没在这些事务与情绪之后。我曾让一些中学生像汪曾祺那样，回忆自己每天上学放学经过的一条街、几家小店、里面的人是什么关系、交谈用什么口音、性格如何、作息时间怎样，进而想象他们背后的故事。但他们只记得某个冬日买奶茶时自己沮丧的心情。

　　既然是阅读，那一座城市与一本书，并无二致。我在"阅读邻居"一直强调阅读是一个闭环：阅读—思考—表达—写作。阅读的对象可以是文章、书籍、影视、人、城市，原理是一样的：吃进去，消化掉，变成自己的血肉，发自拍。

阅读闭环只是谈方法与流程，阅读最关键的点，其实是建立自己与对象之间的有效联结。如果缺乏有效联结，阅读难免会变成一种全无灵韵（aura）的机械复制。要建立有效联结，就须在陌生与熟悉、热烈与冷静、想象与真实、个人与公共之间，找到一个燃点。

更难的是，每一本书、每一座城，都需要一个独特的契合点，读者的年龄、经历、情绪、学识，都会影响阅读的流向。十八岁与四十八岁进入一座城市，是完全不同的视角与感受。只去过南锣鼓巷与天安门的游客想象中的北京图景，房山与大兴的居民没法共鸣。

综上所述，深度阅读终归不易，不管是读书，还是读城。

这本书里收录了我四十余年来对十座城市的阅读，里面有我认同的故乡、长居的地方，还有只去过一两回的所在。阅读城市当然不止一条途径，居停与解史同样重要，脚步丈量与深入陌巷更是必不可少。阅读城市更该是一个比生命更漫长的过程，重点是对城市的好奇，对世间无数独异生活的兴趣，是否一直在你的血里。

那些我去过的、想去的城市，都在我的书架上，什么时候抽出来阅读一两段，补几条笔记，划上后续的折痕，像呼吸一样自然，像购物一样疯狂，像生死一样无常。

2022年3月5日于京东豆各庄

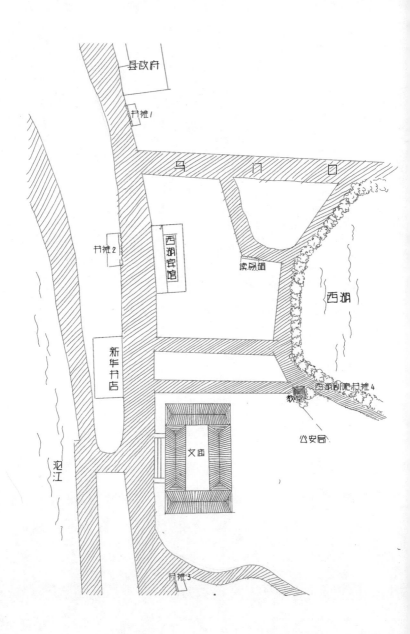

富 顺

我诞生之地。祖母的故乡。

1949年祖父全家六口迁此，

姑姑和两位叔叔在此出世。

我是家族里最后一个在富顺

长大的孩子。

我的好友邱小石说：

"杨早一写富顺就是个文学家，

一离开富顺就只是个评论家。

很奇怪。"

十年一吃

　　1973 年 12 月 19 日，天下太平。我出生在川南一个叫富顺的县城人民医院，并在县城里度过了生命中最初十年的大部分时间。

　　先介绍一下这个大家都不知道的地方。富顺县，原名富世县，因六朝时创建的富世盐井得名（后来号称"盐都"的自贡，起初不过是富顺的一个区）。唐初改名富义县，宋初又改名富顺县。这个地方除了出盐，也出过一些人，据说明清两代中进士者两百多人，川中共称"富顺才子内江官"。说到才子，明代有李调元，清代有刘光第，民国有李宗吾和陈铨。据说记得乡先贤的事迹有助于励志，所以这些人我从小就记得很熟。

　　闲话休提，言归正传。富顺的吃食不算特别著名，但也不辱没天府之国的名头。其时敝人尚未成长为一名美食分子，但显然已经得了启蒙的滋味，后来能够一直将吃作为"经国之大业、不朽之盛事"，和小时的成长环境是分不开的。

这个年纪的吃是不成体统的，只好不依谱系而按照地域，将其划分为三类：家中、街上和学校。

家中

富顺吃食中最家常又最知名的，莫过于豆花。豆花不是豆腐脑，也不是老豆腐，在外省学会吃川菜的同志注意，你们根本就没吃过正宗的豆花！

黄豆现推的豆花，如雪如玉，堆在一汪鹅黄的卤汤中，食指已经开始微微摆动。

然而富顺真正名震全川乃至行销海外的吃食并非豆花，而是豆花的蘸水。而且一定要现点的，罐装的完全不是那回事。紫红的辣椒、翠绿的葱花，一碟碟地摆在乌黑的木桌上，并无香味，却已引得唾液如心事般奔涌。一碗豆花、一碟蘸水，是谓之"素豆花"（"荤豆花"只是多加一碗肉，其实不必），再来两斗碗"帽儿头"（两碗饭扣在一起），就是人见人爱的"豆花饭"。拢共两毛五分钱，却能吃得人满头大汗，口舌生津，一个字：high。《死水微澜》里说，当叫花子都要在成都当，其实在富顺当也不坏，一天总能吃上一顿豆花饭。

豆花蘸水最好的牌号是"刘锡禄"，听说后来此人到美国去了，于是整个富顺的豆花饭水平倒退了一个世纪。他女儿开的"小刘豆花"，也不错，只是不够high。

闲常早饭，馒头花卷之外，有泡粑和燕窝粑。泡粑类似外地的发糕，只是个小些，易消化，不甚经饱，以西湖宾馆的为佳。燕窝粑是所有小孩子的恩物，从我爸到我，无不对之终生垂涎，念兹在兹。其实不过是做工精细些的花卷，抖散后成丝状，染红色，极甜，间杂肥猪肉粒。这有什么好吃的呢？然而热爱得不行。多年后我将它写进大学时的作文里，同学们都以为粑以燕窝为名，定然高级好吃过广东茶楼的"顶点""超点"，实则也是穷人乐。但是小时候对它的爱慕不亚于慕少艾。

小时吃的席，多半是婚宴丧火或年节时的转转酒。据说我一上桌就霸着面前那盘菜猛吃，带我的大人无不叫苦连天。现时多已淡忘，印象深刻的只是一盆青笋焖兔。富顺人实在爱吃兔子，上小学时会经过一条叫马门口的街，一条街都是杀兔子的。杀好的兔子一只只倒挂在树上，无头，据说剥了皮的兔子和猫难以分辨，有奸商挂兔头卖猫肉，顾客回家一吃，酸的。这种传说不时听闻，以至重兔轻猫的观念根深蒂固。后来我在广东十年，从来没起心去吃他们的"龙虎斗"，大概这是童年阴影。

我小的时候，富顺的酒席还是很有章法的，六碟凉菜、三道热菜、一道汤、一道甜点，再三道菜、一道汤、一道甜点……似乎可以无限循环。

有一道菜，我知道它的妙处时，已经是禁菜，炒茄猫儿。茄猫儿，又写作克猫儿，就是青蛙。据说不准卖，可是挡不住。农贸市场禁，农民会背到居民家里卖。我自小被教育要爱护益虫，吃青蛙时却从未有半点怜惜或悔恨之心。这东西实在太好吃了！用红椒丝、姜丝，急火炒，浇一勺明油，哇！终于体会到什么叫"差点儿把舌头吞下去"。素有豆花饭，荤有炒茄猫儿，一想到它们，我就怒气冲冲地质问自己为何要远离家乡。

街上

我在十岁前很少有下馆子的经验。那么在街上吃什么呢？爆米花、棉花糖，这些是少不了的。成都街头常见的糖饼，富顺并没有。我能记得的街头吃食，无非是稀米粑、冰粉和凉糕。

稀米粑大约是糯米做的，如纸般薄薄的一大片，寻常果盘大小。味道很淡，有一点点甜，像软糖外层的糯米纸，但是更有质感，一片可以颇吃些时候，每片又有不同的颜色，一分钱两片，也是小时狂爱的吃食。掰一小块放在嘴里，让它在唾液中慢慢溶化，也是极满足的事。在大人眼里这是既不健康又没吃头的东西，因此决不容许购买。据说我曾经为了争取这一购买权和姑姑闹别扭，甚至跳进水田相威胁。姑姑那时从"广阔天地大有作为"回来没多久，根本不理我，我也只好算了。

这么平淡的叙述，出自强势的大人一方，在我模糊的记忆中，那时的悲愤和失望是难以言表的。每当我读到书上关于弱势群体权利的表述时，就会想起那个试图用自杀捍卫一片稀米粑的小孩。倘或今天我带着一个小孩，他要求购买这种低档的不卫生食品，我同样会强硬地拒绝。所以说，人生而自由，却无往不在枷锁之中。

冰粉是夏天的吃食，家里也会每天做上一桶给大家饭后喝。然而街上的冰粉更有味道，用纱布包着一种叫"冰米子"的植物颗粒，不停地在水中搓捏，慢慢地，那水便凝固成果冻状的半固体。舀一大块在碗，用马口铁小勺切碎，浇上稀稀的红糖水，一口气吸喝下去，心头一片清凉。不知怎的，总嫌家里的冰粉凝得不好，红糖水也兑得太甜或太淡，还是街头五分钱一碗的解恨。

冰粉都是凉水摊带卖的，这种小摊主要卖凉水，自来水加上糖精和色素，盛在玻璃杯里，用玻璃片盖着。买这种水喝也被大人悬为厉禁。可是对于一个疯跑了一下午，满脸是汗，水壶里的水早就喝得精光的小孩子来说，一杯凉水可真是难以抵挡的诱惑。

凉糕是担子挑来卖的。糕是米糕的一种，黄黄的，一大块罩在纱布里。挑担子的人为你切一块下来，同样放在碗里，切成小块，浇红糖水。凉糕味道像湘西的米豆腐（或者就是同一物也不一定），碱味颇重，我不甚爱吃，但是在门前叫住一副挑子买东西吃的况味很有意思。

学校

有人说：学校有什么好吃的？中学之前是没有，每顿饭都回家嘛，顶多是校门口应季的桑葚。夏日的中午，校门要两点才开，许多小朋友都会提前一刻钟到达，于是五分钱一捧的桑葚便迎来了它的旺季。到校门开启时，大部分小朋友的嘴唇都是乌黑的一圈，常遭到把守校门的值勤老师的怒斥。

上了中学便是另一番天地。富顺最好的中学是二中，离城约四公里（这个学校近年出的最有名的人物大概是郭敬明）。学校在柿子岭（亦写作十字岭）上，周围都是川南丘陵地形，一条大江从山脚下流过，说不上山明水秀，倒也别有一番风味。

那时还没有班车通学校，几乎全部学生都必须在校午餐。富二中的食堂是当时学校风潮的重要源头。大师傅们早上来做饭时，会发现门板上钉满了干枯的馒头，三五时会有"大字报"在校园出现，往往是上百行的长诗，而且是一韵到底，带给观众许多吟咏的快乐。有一句顺口溜流传上下："天大地大不如富二中的馒头大，山青水清不如富二中的稀饭清。"现在的小孩大概不知道这是"天大地大不如共产党的恩情大，爹亲娘亲不如毛主席亲"的翻唱版。

在我的记忆中，食堂仍给我留下很深的印象。首先是水煮肉片，是用菜头（又叫儿菜，外地不知叫什么）打底，一颗颗花椒粒密布于汤内，肉片半肥瘦，在筷尖上泛着油光。肉片的鲜嫩、菜头的润滑、花椒的电麻，轻易就制造出一场舌头风暴。多少次吃完这个菜，跑到水龙头下冲舌头，以抵消一点儿那种蚀骨销魂的快感。这样的好菜居然才卖两毛钱。后来每逢在他乡吃到全无滋味的辣椒汤，内涵单薄的打底生菜，以及冰冻的肉片，我都忍不住深深地怀念富二中那一大盆的水煮肉片，禁不住泪流满面。

其次是每当放学时，大师傅们站在校门口，用大簸箕装了无数卤鸭头和鹅翅膀。五分钱一个的鸭头，擎在手中，一路吃回去。当然，不到十分钟就报销了，然后是抓蝗虫、偷玉米、逗农民家狗的时间。

虽然有这么一个思之潸然的食堂，可富二中饮食天地的美好就在于它的多样性。罗素说得好："须知参差多态，乃是幸福的本源。"通往操场的门口有一家小面店，冬天的课间，那是一定要去吃一碗抄手或汤面的。抄手基本上只有皮，面也只有一两，然而要的是那碗奇辣无比的汤。我们站在小店口，一边呼噜呼噜地喝汤，一边听老板娘和来吃东西的工人打情骂俏。

更好的吃处在校外。一般是三四个人，合出一块钱，到小饭馆里请老板称一点儿肉，加素钱炒个"翘荤"。莫忘了，咱学校是在农村包围之中，那肉那菜都鲜灵无比。每次都让我们吃得汤尽盘干，心满意足。不太方便的是要凑够人，有时人数够了，又须大家同意吃何种菜，同学常常因此翻脸，各自走开，隔几日方又凑到一起大吃小喝。

饭后的余兴也很多。校外的公路上，常年都有农民摆摊卖各类果菜，什么时鲜卖什么。甘蔗、大麦柑（柚子）、番茄、苹果、橘子、玉米……"划甘蔗"是流行的娱乐和赌博。取一根甘蔗，向老板借了刀，用刀头点住甘蔗梢，使之立住，提起刀来，喝一声，刀在空中画一个圈，在甘蔗将倒未倒之时立劈下去，倘能将甘蔗一分为二，那自然是高手中的高手，可以独享整根甘蔗；若大半都是宫本武藏式斜劈而下，则断口以下的部分归你；下一个接着来，直至将甘蔗分完，甘蔗钱由输家付。许多人对这游戏乐此不疲，志不在吃，往往有赢了后分赠路人的壮举，当然也有为甘蔗"倾家荡产"的，老板总是很乐意让你赊账。

我最喜欢的，是用两角钱买一个大麦柑，携一册小说，去到礼堂的阶梯转角处，那里有一扇窗。慢慢地翻书，慢慢地将大麦柑剥来吃了。富顺的大麦柑总是青涩的，吃得满嘴发麻，从嘴唇到舌头都失去知觉，而且酸得让人泪流不止。然而哲人说过，有吃的，有看的，沙漠也是天堂。就这样吃掉一个大麦柑，看完一册书，听到预备上课的钟响，站起来拍拍屁股走出去。

说到此处，想起唐振甫先生批评川菜美韵久已不传，全无规矩，剩下的，只是火锅这种上不得台盘的东西在那里跋扈。确实，火锅只是符合外地人对川菜的想象，一味麻辣而已，论到细品，有甚滋味？忍不住改龚定盦诗曰：

剧谈惯喜说吃喝，满眼京华尽火锅。

忆到滋味唾液涌，天下美食已无多。

富顺小史

县城长大的孩子

从在富顺出生，到1988年离开四川，我在四川待了十五年，其中断续有八年待在富顺。所以……我的家乡认同是四川省富顺县。

小时候不知道富顺的历史。只知道这是一个美丽的县城，有山（五府山，上有烈士陵园，清明必去，平日也常去玩儿），有湖（西湖塘），有洞（罗浮洞，那里千佛岩的塑像在"文革"中被打掉了），有岭（十字岭，富顺二中就在那里），有一条"正街"，集中全县城的好地方（文化馆、电影院、新华书店、邮局），又有一条"后街"，两边都是店铺或摊贩。还有一个完全没有湖的少湖，那儿的灯光球场可以看到廉价的露天电影。当然，还有读易硐，那里紧靠西湖塘，是菜市场。

我曾经得出一种明显有利自己的结论：二十世纪七八十

年代，在县城长大的孩子是最合适的。他们能接触到基本的资讯、机械家电、文化艺术，是大城市的低端版，但啥子都不缺。他们又能随时跟乡村、土地发生密切的接触。县城的范围，正好够一名儿童到少年在其中奔跑行走，县城的知识储备、接触人群，正好足够供给一名儿童到少年的认知与成长。你在街上，会随时碰见一位熟人，但是又不像在村庄里，每一家人的音容形貌都熟得发烂。总之，就那个时代而言，我认为从物质到精神，这座县城应有尽有。

听长辈们说，到富顺之后，祖父祖母是有机会调到成都去的。然而祖母终究未能舍得这里。她在成都上大学，住过重庆，住过南京，见过世面。她只是舍不得：下雨了，随便身在何处，都能借到雨伞；走累了，不论哪里都有人拖条板凳给你。也许有人觉得这是死脑筋，但我长大后还挺能对祖母寄予理解之同情的。比起住在所谓大城市，其实活动范围也不超过一公里，对门邻居从不来往，出个门总得预备一整天，小城自有它的恬适安逸。

然而小时候特别怕跟祖母出门，她几乎走几步就会碰到熟人，于是站在路边寒暄，谈论一些我不知道的人名、不懂得的事。有时几百米的路，能花一两个钟头，真是无聊啊。同样无聊的还有跟她进布店，反复地拣选比较，那一卷一卷的布头，能有哪一点吸引一个男孩呢？我只好呆望着售货与收钱的柜台之间，那一根根铁丝上，夹着票据与钱的大铁夹子唰唰地飞来飞去。

富顺方言很有意思，在四川话里也自成一格。正好看到有二中学长写了一段话，很精彩，那真是"只有富顺娃儿才懂得起"，抄在这里：

保小坐落在马拉山脚底下，隔壁是阴森的看守所和高烟囱，每次途经，下肢孔都冒汗。

保小的娃儿些很造，时不时就有人着起：

张三丢鹅板儿整伤了手打拐儿，

李四跪炭花儿磨破了磕膝斗儿，

王麻子逮咳猫儿崴斗了脚打拐儿。

我最喜欢吊马马丁儿，

一根杆杆儿，一条索索儿，绑个母的，到处去逗公的。

要把折真儿网弄成个黑球，套在竹竿颠颠儿及粘母的，

也可以用这个方法逮嘤儿。

逮完马马丁儿，我就回屋头搓格腻。

太造了，就经常吃妈老汉儿的莴笋煎肉，或者着敲科坠儿。

就是啷格其哈起长大的。

保小者，保卫路小学。"造"，就是调皮。"着起"即"闯祸被抓"。"鹅板儿"，鹅卵石。"逮咳猫儿"，捉迷藏。

"吊马马丁儿",抓蜻蜓。"嘤儿",知了。"搓格腻",搓身上的老泥。"老汉儿"是爹。"莴笋煎肉",就是别的地方说的"竹笋炒肉",用竹鞭抽打。"敲科坠儿"是用手指敲脑壳。"啷格其哈",这样地。

久不回乡,这些词我都快忘了。一经提起,似乎又掉进了乡音的旋涡。

刘光第与李宗吾

自从我小学五年级时,在祖父的办公室翻到一本《富顺县志》后,这个县城在我眼里就变得不大一样了。县志上说,富顺本属江阳县(今泸州),因为江阳西北发现了盐井,这一带顿时繁荣起来。盐井被命名为富世盐井,后来索性就地置县,即名为富世县。那是北周天和二年(567年)。

这个县的名字一直很悲催,因为南北朝很快结束,隋也没撑多久,就到了大唐天下——完了,太宗讳世民,于是连盐井带县名,贞观年间改名为富义。唐后是宋——又碰到了一位太宗,姓赵讳光义,义字又不能用啦,于是又连盐井带县名,改名为富顺。

唐代时这里的盐井就是川南最大,"月出盐三千六百六十石"。可惜,民元之后,盐井所在的自流井独立出去,成立自贡县,富顺遂成为一个纯农业县。后来自贡壮大,由县而市，并在1983年将富顺划入治下。本来隶属富顺的自贡，现在翻到上面去了，说实话我印象中周围的人都不太爽。本来在宜宾地区，富顺也是数一数二的大县，归属自贡后，富顺的经济一直不咋个。

宋末，蒙古攻川，富顺军民在城南筑虎头城，坚持抗元十年，与合川钓鱼城等并称抗元名城。当然，钓鱼城那里打死了蒙哥大汗，这名气，虎头城比不了。富顺在元朝治下升了一级，成为富顺州。元末明玉珍起义占据全蜀，为时甚暂，但是县志上也记了一笔，因为明玉珍占据的大夏政权赋税特轻，富顺全州仅征谷一石，让人好奇它啷个维持喃。

朱洪武是个坏皇帝，把富顺从州又降回了县。不过明代富顺县发展甚快，成化年间人口有十二万三千人，五倍于宋，是全四川人口最多的县，缴纳赋税占叙州府（今宜宾）的一半以上。人多钱多，文化也就发展起来了。有明一代中进士一百三十九人，举人四百九十二人，被称为"才子之乡"。

明末大乱，张献忠、南明军、清兵来回剿杀，十几万人死剩数十家。清初湖广填四川，祖母的家族就是这时从福建迁来的。换了一拨人，继续发展。咦，似乎文气未断，清代有进士三十一人、举人三百一十五人，也算不错了（要知道清代整个四川只有一个状元，进士也少），所以能保住"富顺才子"的名头。

在省外行走，人家每每问起"哪里人"，说"四川"，还要追问"四川哪里"。一般的习惯是说大地方，那就该是自贡，偏偏富顺人瞧不起自贡，就坚持说"富顺"，往往被听成"抚顺"（这地理学得是多不好！抚顺能在四川吗？），跟非四川人没法解释，富顺豆花他们也没吃过，只好把乡先贤们抬出来了。

有一位，读过初中的大概都知道：刘光第，戊戌六君子之一。他是赵化镇人，不过我小时候，他的墓从赵化迁到了县城，放在五府山的烈士陵园内。听祖父说，迁墓时发现刘光第的头身分离。后来我看书才晓得，斩首之人，家属一般会请人将头身缝在一起下葬，但这么多年线肯定朽了。祖父又说，头的断口很齐整，看来刽子手技术很好。

中学历史老师兰汲纯曾说自己是刘光第的表亲，讲刘光第是被钝刀杀害的，"砍了很多次，孩子（鞋子）飞出去多远"。这不太可靠。首先，北京刽子手都是世家，活儿做这么差是不太可能的；其次，六君子是朝服斩于市，还涉及朝廷的体面问题；最后，如果是朝里有人存心报复，则清末笔记多少会提及，不可能连千里之外的家人都晓得，那么多围观群众反而不传。

出生在富顺的，还有李宗吾与江竹筠。但一般富顺人会提李宗吾，却很少讲江姐。一个名人算不算乡先贤，可能有两条标准：一是有没有在富顺做过事。李宗吾虽然出生在成都，但二十一岁之前都在富顺，又在民国三年当过富顺县视学，江姐则从小就去了重庆当童工。二是有没有人抢。自贡肯定有洪水一般纪念江姐的冲动，就像宜宾热衷于纪念赵一曼。李宗吾嘛，灰色分子，只有富顺人怀念他。

怀念李宗吾，不是因为他写了《厚黑学》，而是他在任县视学，以及之后升任省视学的数年之间，力主健全会考制度，以扭转教育事业之颓风。县志载，民国十四年（1925年），李宗吾充任叙属联中主考委员，由于严格执行考试规则，几乎被学生打死！但是，由于李宗吾的坚持，四川实施会考制，比全国普遍推行会考早了十年。

怀念李宗吾，还因为他的风度。李宗吾是光绪三十三年（1907年）的老同盟会会员，辛亥反正，他的入会介绍人张列五当上了四川军政府副都督，也就送了他一个肥缺：四川官产竞卖总经理，月薪二百大洋。李宗吾不干，要求把月薪打个六折再说，从此他被省城各界称为"怪人"。没干多久，机构裁撤，李宗吾要回乡办教育写书，居然没有路费。同乡借钱给他凑够了盘川，他就作诗答曰："厚黑先生手艺多，哪怕甑子滚下坡，讨口就唱莲花落，放牛我会唱山歌。"又附赠一首："大风起兮甑滚坡，收拾行李回旧窝，安得猛士兮守砂锅。"

"甑子滚下坡"是当时的富顺俗语，跟"炒鱿鱼"同义。成都人喜欢说"打烂就打烂，打烂上灌县"，后来在广州，市长黎子流喜欢说"得就得，唔得返顺德"。"省漂"不成，就回乡吃老米饭，是旧时代尚有的选择，现在是不成了，死也要死在大城市里。

世崇厚黑，古今皆然。李宗吾先生遂以嬉笑骂世名家，然而《厚黑学》这部名著，却是以富顺话写成。《厚黑传习录》里谈"求官六字真言"：空、贡、冲、捧、恐、送。用普通话念，韵不大合，只有用富顺话念才合辙。而且"贡"是什么意思？吾乡人方知，不是进贡，"贡"是"钻"的意思。

单说宋育仁

得为这位老乡开个单篇，因为我总觉得有愧于他。在很长的岁月里，我和大多数富顺人一样，对宋老先生视而不见。就在刚才输入标题时，依然下意识地打成了"宋教仁"。

台湾学者王尔敏将宋育仁列入"近代经世小儒"，与郑观应、王韬、盛宣怀并列，其共同特点是"面对变局，其各家反响，则一致创生因应变局之思想。虽是各有不同感受与辨识，却俱足表达应变之觉识"。

《富顺县志》收有宋育仁《复古即维新论》，这也是一般人心目中的宋育仁印象：一个保守主义者。民国元年，宋育仁被聘为国史馆纂修、代理馆长。民国三年（1914年），他上书袁世凯，要求"还政于清"，当即被拘，以"危害民国罪"押解回川，从此退出政治舞台。这也是宋育仁会成为思想史、文化史上"消失者"的直接原因。

然而近世的保守与激进，哪里是能够轻易一分为二的？

戊戌年，八月初九，朝廷下旨将张荫桓、徐致靖、杨深秀、杨锐、林旭、谭嗣同、刘光第等革职拿问。电报当日就传到武汉，湖广总督张之洞惊闻弟子杨锐被捕，第一个想到的，是另一个门人宋育仁——这门生正在成都办《蜀学报》，言辞激进，不要被一网打尽！

宋育仁的好发狂言在当时是出了名的，所以张之洞特别担心他。早在1895年，他就受康有为和梁启超主持的强学会之聘，主讲"中国自强之学"。次年上书朝廷，请改革财政，废科举，兴学校。光绪虽赏识其见解，终究不敢用其人，命他回川办商务。宋育仁回到重庆，一边办实业，一边办《渝报》，后又创《蜀学报》，为四川报业之始。

1998年，钱锺书、朱维铮主编的"中国近代学术名著"收录《郭嵩焘等使西记六种》，附录为宋育仁《泰西各国采风记》节选。此篇为1894年宋以参赞职随公使龚照瑗出使英、法、比、意四国，考察各国政治、经济、文化、风俗而撰成，是现在比较易得的宋氏著作。王尔敏说："是书之细致深入，远超王韬、郭嵩焘、曾纪泽、薛福成等人前作，而且关注刑法、铁路、货币，为前人所未及。"书中首译president为"总统"，算是为现代汉语做的一点小贡献。

就在1894年，龚公使返国，由宋育仁代理公使。中日甲午战争爆发，清军平壤溃败、北洋水师黄海覆没的消息传到伦敦。宋育仁生出奇想，与使馆参议杨宜治、翻译王丰镐等密谋，购买英国卖与阿根廷、智利两国的兵舰五艘、鱼雷快艇十艘，招募澳大利亚水兵两千人，组成水师一旅，托名澳大利亚商团，自菲律宾北上直攻日本长崎和东京。同时，宋育仁与美国退役海军少将夹甫士、英国康敌克特银行经理格林密尔等商定：由中国与康敌克特银行立约借款二百万英镑，另战款一百万英镑，以支付兵船购买费用。

经过一系列努力，舰只、武器弹药、战斗人员均已备妥，整装待发，指挥官是北洋水师前提督、英国海军军官琅威理。宋育仁等一面报请朝廷批准，一面又与两江总督刘坤一、湖广总督张之洞等人联系，舰队随时准备启航。

奇袭日本的密谋被回任的公使龚照瑗阻止了，龚上书弹劾宋"妄自生事"，奏请清廷下令召宋回国。这些事都被悲愤的宋育仁记录在后来的《借筹记》里。这真是写穿越小说的大好材料，却无人动此心思。可见，历史的幕布遮住了多少往事啊。

好文之邑

清朝雍正年间，由广西布政使奏准，分定全国州县为"冲、繁、疲、难"四类，以便选用官吏。照官方解释：交通频繁曰"冲"，行政业务多曰"繁"，税粮滞纳过多曰"疲"，风俗不纯、犯罪事件多曰"难"。符合二字以上者为"要"缺。

富顺中了其中两个字：繁、难。这个好理解，那一带属川南丘陵地带，从来不是交通要道，谈不上"冲"。但它确实富庶，清后期，人口近九十万，粮食年收五亿斤上下，蔗糖两千万斤，井盐四亿斤，所以又有俗谚云"金犍为，银富顺"——这两个地方因产盐而富，可犍为年产盐量只有五千万斤（嘉庆十七年），而全川产盐也不过七亿斤，为啥犍为就"金"，富顺才"银"呢？不太明白。

北宋地理总志《太平寰宇记》说富顺"淳厚守礼，重农好文，善邑也"，我瞧这话拿来说哪个地方都行。倒还是道光七年的《富顺县志》说得比较坦直详白，说富顺有"五美一恶"，五美是"婚姻不论财""有无得相恤""丧祭称有无""民勤于稼事""士习于诗书"，一恶是啥？"侈富者为华美，中户效之，下户慕之"，就是好攀比，内卷。

我自己印象很深的是，文风确乎很盛。20世纪80年代的星期日，文化馆总是满员，看杂志找个座都不易。说个具体的例子吧，从县城走到富顺二中，总有四公里以上的山路，这四公里可以发生很多事，逮蚂蚱、偷苞谷、抽甘蔗、追黄狗、被黄狗追自然是免不了的，但也有很多个下午，我和初中几位同学走在山路上，远眺如带的沱江，以对对子为乐。内容自然很鄙陋，但也很好玩。还记得有人出上联云：

红口白牙说黄话

这个上联很有地方特色，"说黄话"就是四川人都爱说的"开黄腔"，胡说八道之意。当然这上联未必是原创，不过有人对曰：

青天白日开紫花

对完觉得不妥，"青天白日"，大家都知道是啥，于是改成"青天绿地开紫花"。还有一个上联，确乎是流传已久，但很合富顺的当地风光，因为这里有个号称"天下第七"的西湖。上联曰：

提锡壶游西湖，锡壶落西湖，惜乎锡壶！

众人都对不上来。

说到西湖，初一时碰到过一件令我非常惊讶的事。当时书摊上有很多盗印的港台武侠小说，一小册一小册，用纸极差，印刷极陋，错字极多，据说是书商买通国营印刷厂的工人，利用下班时间偷印出来的。富顺书摊都是去成都进货。这日拿到手的一册叫《梅花令》，作者署名金童，到现在我也没搞清这书是怎么回事。翻开第一回，劈头居然是：

川南，富顺。
城西有个西湖……

接着是一大段描写，虽然都是旧小说中的陈词滥调，但这样一本号称来自香港的小说里，居然提到我们这个小县城，还写了西湖！真令我喜出望外了很久。

好讼之乡

说到富顺人喜攀比，我印象倒不太深。另有一层，却是富顺不可不提的地方性格：好讼。

邑人刘成禄著《富顺县前清琐闻录》有云："富顺人民好讼，民事则争田边土角，或岩下一垠一树，或因借款还而欠少息；或讽刺几句而凶殴成伤，故用药涂伤而控刑事；或笑言几句致重大载诬等等不一而足，缠讼不休。"富顺历史上常有绅民告官得直的案例，当然细故纷争就更多，中国传统治理体系以"止讼"为最高原则，这个县果然堪称"繁难"。

好讼体现在日常生活中，就是不让人。吾友邱小石对富顺民风有两字评语：赖皮。有理争十足，无理争三分。不是这样的民风，怎能出得了刘光第、李宗吾？

中国民风刁顽好讼之处，最有名的很可能是绍兴。绍兴师爷天下知闻，代表性人物是徐渭徐文长，民间有《徐文长的故事》流传，好似汉族的阿凡提。富顺也有个类似的人物，叫高懒龙，虽然没有徐文长的文化，但也有很多故事传世。

有一次，高懒龙与一班闲人远远看见田埂上走来一个背背篼的大姑娘。于是，高懒龙又冲壳子（吹牛），说他可以把大姑娘抱起来转一圈，而且姑娘不得喊黄（叫委屈）。当下赌了东道，高懒龙赶着大黄狗迎上前，就在黄狗扑向大姑娘的瞬间，一个箭步，将大姑娘抱起转了一圈，放在自己身后，自己背对着黄狗。姑娘能说啥子？人家一片好心帮你挡狗，只好面红耳赤地走掉，还要说声谢谢。

富顺人的气质里有一种"死不认输"的特性，以之观测我的老乡们，还蛮准。比如郭敬明，都说他低调，不像韩寒那么好斗。真的？我觉得他只是在装乖。偶尔他会放一点狠话，比如"我一定会进文学史"，这可真是富顺气的嫡传。

还有谭维维，那年超女她输得一点儿都不服气，这一点儿不意外。事隔三年，她在湖南卫视跨年演唱会上唱这首《谭某某》，有种得很：

> 两千零六年夏天
>
> 我上了杂志封面
>
> 可惜是三人合影
>
> SOSO
>
> 我站在冠军左边
>
> 陪她嬉皮笑脸
>
> 她样样都不如我

富顺好文好讼的脾气，是留在每个乡人血脉里的。

当好文混合上好讼，又会如何呢？这也是他处未闻的一个特色。富顺话将争吵称为"扯筋"，这没什么了不起，但富顺话里还有个词叫"嚼筋"，就比较厉害了。它指的是两个人吵架，一方起一个韵，另一方必须跟这个韵，粗话脏话不忌，但是如果失了韵，就算输。这简直不太像一场意气之争，而是一种诗钟似的文字游戏了。我初中跟同学嚼筋的时光，比对对子要多得多，脏词秽语与韵脚齐飞，直到有一方接不上韵为止。

不知道现在的富顺，还玩不玩嚼筋？

城关镇那条正街

1984 年到 1987 年，我住在富顺县人民政府家属宿舍。县政府现在搬到新城那边了，当年它是在县城主街的一端。大多数县城所在镇似乎都叫城关镇，富顺也不例外。其他的，我只知道彭县的县城在天彭镇。（后来看到民国老地图才知道，富顺的城关镇，本来叫"釜江镇"。）

这条主街，现在似乎是叫"文庙正街"，当时应该是叫"解放路"，但县城人就喊正街。每个周日的下午，我都会从县政府大门溜达出来，沿着正街往东头走，一般要走到县电影院，再往前走，就是东门大桥。

出县政府大门左拐，隔两间铺面，就是一家书摊。正街上的书摊比后街的强许多，都是有一家铺面，每天下门板上门板那种。跨过门槛迈进昏暗的屋子，一头摆着门板，摊着各色小人书，也有小说，摊主坐在里头照管。沿着未拆的门板与两堵墙，三面都摆着低矮的长凳（也许就是两垛砖，搭一块长木板）。主顾选了书，交了钱，就可以坐到长凳上去看。即使是大白天，门板没拆，屋里也是暗淡无光的，于是有一盏同样暗淡的灯泡伴读。

那时还不兴把封面撕下来挂在纸板上，张在门口以广招徕。改良做法可以保证封面鲜亮，书瓤则包着牛皮纸。我不喜欢那样，感觉拿到手的书没有个性。

这家书摊书不太多，但是因为近，我光顾得自然多。只记得在这里看过不少《丁丁历险记》。后来读到埃尔热的传记，才知道他画丁丁，几乎没有一个场景没有真实照片作为参考，所以《丁丁历险记》于我，就像《世界知识画报》之于邱小石，同样是看天下的一扇窗。

阿道克船长打开了一本书！这个文盲打开了一本书！这怎么可能？

果然书是被挖空的，藏了一瓶白兰地和一只高脚小杯子。他倒了一杯酒，美美地举起……突然，酒变成了一个小球，飞了起来！阿道克也飞了起来！他追逐着小球，像一只小鸟……啪嗒！阿道克重重地摔向地面，酒球也摔到他脸上，溅成一摊真香。

为了看这几张画，我一次又一次给摊主两分钱，将这本《月球探险》看了一遍又一遍。

书摊的价格全城关镇是统一的。连环画、新书三分，旧书两分，时间不限。字书，五分钱一个小时。

往前走，有五金店、酱醋店、布店。我最怕跟祖母去布店，她跟店员能就一种花色讨论到天黑。

走过布店就是第一个小十字路口。向右走是河边，现在好像叫滨江路之类。向左走是马门口。小时候最好的朋友小刚家就在马门口，不过此时他已经到广州读书去了。

马门口的特色是整条街都是杀兔的。剥了皮的兔子一排排地陈列在街两边，血水在街沿边流成暗红色的小溪。所有的兔子都还带着脚上的毛，穿了靴子却全身赤裸的怪异形象。或许整个四川省都不在意"兔兔这么可爱，为什么要吃兔兔"，成都人把 kiss 叫成"啃兔脑壳"，富顺人绝无如此弯酸，而说到冷吃兔和青笋兔丁，一定是世界第一。卖兔子一定要带兔脑壳卖。听有些人说，如果不带头，很容易用猫来冒充兔子，看是看不出来的，吃才行，猫肉是酸的。我到现在没吃过猫肉。

走完兔市，路分岔了。直走就到西湖塘，有一家全西湖最大的茶馆。右边岔路是读易硐。一家南宋的书院，借湖色水气而建，却与兔市为伍，岂不异哉？不然。现在的读易硐，正是一个菜市场，从小南门进城的农民走到这里是很近的，也是一条街，逶迤直到西湖边。青翠的莴笋和豌豆尖，红苕与菜头常在一道，红配绿，骚得哭。葱、蒜苗、藤藤菜、地瓜、莲花白、苋菜，这条路是我小学最后一年的上学路，热热闹闹地开启一天。

回到正街，继续从西往东走。左边是北，右边为南。

街左边有不晓得是不是当时县城最大的西湖宾馆。跟着祖母到这儿来吃人家的婚酒寿酒，总有几盘。西湖宾馆的泡粑最好吃，虽然比别的地方贵，每天还是很快卖光。也有燕窝粑，但不如后街的好。

我周日下午走过这里，当然没有早点卖，但这里有录像厅啊。录像厅是二十世纪八九十年代的文化印记，记录的人非常多，影响的人更多。《神雕侠侣》《乱世英雄乱世情》《桃花传奇》《大明英烈》……很奇怪，完全没有日后知道的警匪武侠名片。两角钱一张票，循环播放，买票即入，尽兴而出。

西湖宾馆对面，也是一家书摊，可以称为书摊2。这家的书比书摊1好得远，全县最早有删节本的《射雕英雄传》（没错，是删节本，不知为何），也有《右江文艺》《功夫片》一类的地摊刊物。这家的主人，跟上一家一样，是个老头。老头们都有绝技。书摊一般是两米长、一米半宽的门板横置，这家甚至是两块板。老头坐在里头，靠外靠墙的书，别说他拿不到，小孩子主顾也拿不到。老头拿起一根被盘得油光水滑的长棍，一探，轻轻一挑，那本小人书便直飞主顾怀里。小孩子看完了书，或是被妈喊回家吃饭，一边往外冲，随手就把书往摊上一扔。老头又伸长棍一挑，书就飞回原位。

这个老头的故事，我上大学写作课时写过。出于年轻时某种刻奇的心理，我把他和小孩子主顾之间的关系写得比较温情。其实没有，我进屋、拿书、交钱、看书、走人，几乎不和摊主交一语，也很少听见他说话。

再往前走，来到一个三岔路口。左转走上去，是高高的坡，有五角星的大门。当时是富顺县公安局，令人畏惧的所在，也从未进去过。后来看纪录片航拍富顺，最抢眼的便是公安局里的一座钟鼓楼，建成于1928年，高高地挺立在西湖边的丘陵顶上，俯瞰这座千年古县。

不过，那边与我无关。我要停留的所在，是街右的新华书店。新华书店西侧有个小门市，专卖连环画，三年级在那里买过《黑岛》，但只有下集。现在我上了初中，就不屑那么幼稚的地方了。我昂首阔步，走进店堂。新华书店刚刚放开没几年，不仅不打骂顾客，还开放了书架，几乎所有书或站在架上，或趴在台面，任君取阅。感谢这个时代。

我那时一个月零用钱才一块钱。新华书店比书摊好，不收钱，但也不提供座位。好在站一站也不为难，就站着看感兴趣的书。这本书叫《千里走单骑》，是张国良的长篇评话《三国》系列的第一本。张国良是苏州评话大师，讲三国打破了"赤壁烧光，观众跑光"的困境，他讲三国敢一直讲到"后三国"，换句话说，他敢于吟唱失败者之歌。

我站着将《千里走单骑》看了好些遍，直到这个全无出版意识的初中生居然记住了"上海文艺出版社"和"封面题字：周慧珺"，也好像懂了一点民间文艺与《三国演义》的区别。《三国演义》会写关公夜读《春秋》，秉烛达旦，那是大英雄文武双全的人设。但是大英雄不是一个人在读书，虽然没有红袖添香，但所有的图画中，都有周仓捧着青龙偃月刀，站在一旁瞪着大眼珠子。关老爷读《春秋》，周仓干什么呢？他又不识字！《千里走单骑》就会解释：周仓站在一旁，数着每页纸上，多少个大字，多少个小字，倒也自得其乐。

大人物身边的小人物在干什么，同样也是让历史立体化的方式。如果缺失了对小人物的关注，大人物的言行举止，也是无生气的。

站得脚酸，就放下书，继续向前。前面就是赫赫有名的富顺文庙，现在是全国重点文物保护单位。段玉裁任富顺知县时主修《富顺县志》，对文庙描写得非常详细。历代官员都将修葺文庙当成一件大事。文庙没有大门，正面大红墙上"数仞宫墙"四个镏金大字，语出子贡。这都是各地文庙的常制。从两旁的"圣域""贤关"小门进去，辟雍上是很陡峭的盘龙桥。当时可以从上面爬过去，全是青苔。

文庙当时是县文化馆。后两进大成殿与后殿是办公室与宿舍，只有前面的明伦堂改成了杂志阅览室和图书馆。我办不了借书证（需介绍信），只能去杂志阅览室随喜。杂志阅览室有《小说月报》《四川文学》《星星》什么的，这些不稀罕，家里有。家里没有的是《武林》，香港学者周保松说他少时在茂名看《武林》上连载《射雕英雄传》，从此变成金庸迷。而此时《射雕》已经有书流传，《武林》上连载的是《江湖三女侠》。金梁的小说真是为连载而作，硬是要没头没尾地看一段，才会看得心痒难熬，抓耳挠腮，想知道后事，又放不下前传，活活憋成内伤。日后拿到全书，也不过如此。杂志阅览室人不多，也不算少。总有位子，但下午去就没什么靓位。县城青年，必有于此泄苦闷、托精神者。

文庙斜对面，有一家字画印章铺。在它门前走过几百上千遍，也没有想到会跟里面的眼镜老头儿有什么瓜葛。直到初二，我不记得发了什么横财，居然有一天停了下来，花三块还是四块，连工包料，刻了一块"杨早藏书"。这周日下单，下周日取货。这方章我一直用到研究生时代。

再往前，很长一段是各类杂货和店铺，药材、秤、瓷器，卫生院、医院门诊部（我在那里拔过蛀牙）、理发店（洗头是坐在水龙头前"低头认罪"，理发师的手冰凉），总之都是些不好的记忆，快点走过罢。

到了大巷子与正街的交叉口，又是两家比邻的书摊。这两家没有铺面，挨着电影院。弄些条凳放在街沿上下，摊子前后。有人买了电影票，等候开场，有人看完电影，意犹未尽，总之生意很好。想看的书往往得碰运气。满地都是花生壳瓜子皮。这两家比较成人向，字书多。我在这里看完几册《李自成》，打仗好看，不喜欢看崇祯的倒霉样儿。

这里很快就出现了金庸小说的盗印版。初二那年，这里有了一套宝文堂书店出版的《鹿鼎记》。名字不像武侠小说，装帧也不像，放到书摊上，跟别的书不一样。五厚册，我不知道花了几个星期天，多少个五分钱，才看到了最后。有时你想看的那一本在别人手里，只好绕着电影院打转，或是去市中花园看划黄鳝，半个小时回来看一眼，若是已还，立即抓过来。如果别人还在看，就再去转转，心里诅咒这个磨索客回家路上踩狗屎。

最后一册《鹿鼎记》，书后有金庸的《后记》。金庸说，我将自己的著作，整理成一副对联，从此我大概就不会再写武侠小说了。那对联便是：

飞雪连天射白鹿，笑书神侠倚碧鸳。

我也顾不得还书，花着五分钱一小时的巨资，在那里默默想自己看过的金庸小说。那时冒名金庸的小说漫山遍野，金庸也是有鉴于此才作了这副对联。但是我对自己的眼力已有自信，是不是金庸，看两页就知道。

最后我震惊了：我居然参透了这副对联的每一个字是什么书！这说明……我全都看过了！

深深的失落情绪笼罩了我。此前，我一直以为金庸小说是取之不尽的，只需我慧眼识珠，就能从海量的山寨货里将它们挑出来。似乎我们这些读者与作者金庸是一个"想象的共同体"——他负责写，我们负责找来读。一个钟头五分钱，我已经准备好把三十岁之前的零用钱都奉献给金庸小说。

可是，我看完了！从此，世间再无新的没读过的金庸武侠。

我沿着正街回家时，十分恍惚，心里的世界似乎塌了一角，有点像第一次读到《神雕侠侣》中小龙女被尹志平所污时的情形。

小学时觉得还可以写信给作者，要他改写这一段。现在我都初二了，知道世事由不得自己。

那以后，我对大巷子这两家书摊也丧失了兴趣。有时走出新华书店，就直接爬上高坡，走到西湖去了。

本来，从我住的县政府往上学的富二中走，是走少湖那边。从正街往东走，完全是一种兴趣。

1987年7月，我要转回成都去念初三，从此再没有回富顺长住。这条阅读之街，也就永诀。

后来我又去过许多地方，读过许多书，认得许多人。但在富顺的那几年，是我阅读生活的正式开端。一路看一路读，在家里读《红楼梦》和鲁迅，在街上读武侠、录像，还有菜市场和文庙的青苔。全凭兴趣，四处游走。那些周日阅读的午后，框定了我一生阅读的格局。

三十多年后查百度地图，从县政府到电影院，起点到终点，原来不过七百五十米。

哪个厕所最奇葩

不知道为什么，富顺的奇葩厕所特别多。邱小石念念不忘的是富二中那个奇大无比的百人坑：

> 小时候父母教书的中学，有一个超级大厕所：足有一百多个坑位。建筑颇有特色：用巨大木结构支起的两重屋顶就像"行"字的左边部首，便于通风散气。灰瓦白墙飞檐与漆成红色的木梁，西方人看起来很中国，中国人看起来很现代。巨厕内部空间宽敞通透，采光一流，整整齐齐的坑位，全是实木地板打造，屁股下的深坑，幽静空响。夹着教具的二位老师，在坑位蹲下，交流声在地上地下穿行共鸣，赛过课堂洪钟。四周的学生，微红的脸，比在课堂上还认真。

他说的中学，就是我们共同的母校富顺二中。那个大厕所我印象不深，记得的反而是山坡上的一个小厕所，很小的时候瞥见过那个空空的女厕所，让我记住的，是那四个连排的"坐坑"。能明白吗？之前我只见过蹲坑，从未见过抽水马桶。而这里的坐坑是一长块木板上挖出四个屁股形的洞，看着就能想象大号时的舒爽。难怪祖母喜欢来这家。

我自己印象最深的是富顺县委宿舍的厕所长征。我家住在三楼，那时即使是县委宿舍楼，窗外就是无敌西湖湖景，也没有单户的洗手间。上厕所必须走到最北头，山体上挖出的一个公共厕所（现在想来完全是个防空洞），而我家住在最南头靠大门的那栋楼，到防空洞厕所要经过四五栋楼，大概三四百米。

因为防空洞里实在太黑，祖母怕我看坏眼睛，严禁我上厕所带书。这就像现在开大会不让带手机，我还是个意志力薄弱的孩子啊。奈何夏天出门，身上哪里藏得下一本书呢？于是我总是在有屎意之后，赶紧找一本书，从三楼后窗悄悄扔出去，掉在楼外热腾腾的水泥地上，然后再潇洒地大摇大摆出门。有时因为挑书耽误了时间，屎胀得慌，步履就不够潇洒。

出得门来，嗖的一声，我冲下三楼去捡书。大院里蛮多小娃儿，要是书被捡走了嘟个办？我一路往防空洞走，还要一路祈祷满天神佛，门口的两三个蹲位有空位，因为要在防空洞看书，只有那里才有斜射的天光，再往里就只够看得清不掉进粪坑了。

如果是冬天就好办多了。书可以插进棉毛裤的后腰，再揣上一只手电筒，冬天天黑得早嘛。那时我喜欢带的一本书是《鼹鼠原野的小伙伴》（没看过的小朋友一定要看），不厚，字又大，又经看。

直到有一次祖母无意中往窗外看，见到我捡书的全过程，这种把戏不得不终止。好伤心哪。

但我一生中见过的最神奇的厕所，还是后街那个。

搬到后街是因为我要上学了，祖母就跟别人换了房子。这里离我上学的团结路小学确实只隔着一条后街。住房准确的位置，是市中花园菜市场的西北角。

首先是一条往山上爬的长长宽宽的阶梯，我们这些小学生经常坐在台阶上唱"学习雷锋好榜样，艰苦朴素捡到二两粮"。不过我家只需要走七八级阶梯上一个平台，右边一扇小门，突然又是一道向下的阶梯，走到平地，左边上两级台阶的小门就是家里的厨房后门。小学一年级时，我曾经夹着满裤裆的屎沮丧地慢慢走进厨房，换完裤子躺在床上，听祖母抱怨"不是我的孙儿，我才不得给他洗"。

厨房出来下一级台阶是客厅，右边是大卧室。穿过客厅是院子。院子里有两个巨大的金鱼池，用石板砌成。跟应用题里不一样，金鱼池没有排水口和出水口。要换水的时候，有位白发的伯伯扔一条长长的透明胶皮管进去，逮到池外的一头拼命地嘬，嘬出水就将水管丢到地上，利用虹吸原理让旧水流出，再将水管接到自家水龙头上放新水。

这种平房，单户洗手间想都不要想。如果要上厕所，小便可以用家里的痰盂，积满了再去倒，大便就非得直接去便所不可。出发吧。

从家门直到院子中心，左转，从两个金鱼池中间穿过去，上七级台阶，从北屋的门前向右走，到头便是刘家。左边是刘家的卧室，刘家爷爷是教历史的中学老师，喜欢出题考我，也经常被我考。右边是刘家专用的饭厅，也是麻将房，祖母每天都来摸几圈。如果看她脸上带笑，去要五分一角的零用，不在话下。

穿过卧室与饭厅的过道到头，左拐就到了刘家的灶房，也是长长的过道，或者也不是刘家一家的，总之全是灶台、水缸。灶房走完，是一排二层的楼房，等于就建在刘家平房的后面。沿着楼房前晾晒的衣服和香肠腊肉向左走，到头，爬上二楼的楼梯，木头做的，走上去吱嘎吱嘎乱响。走到二楼，往里走，先经过女厕（没进去过），最里面才是男厕。

里面照例没有窗户，白天也是黑咕隆咚，有一盏瓦数最低的灯泡亮着。便坑也是木板做的，颤巍巍的，总不那么让人放心。屎尿高高地跌入粪池，发出的声响更让人胆寒。这种心情下排便，用户体验真的谈不上愉快，如非不得已，我还不如在学校解决完再回家。

不过最靠里的那个坑位值得一说。坑位右前方，恰好与蹲下来后膝盖平齐的地方，常年破着一个大洞，露出墙原来是两块竹笆夹着黄土。透过这个洞，才发现原来我们这个院坝后面是一个废园。白天蹲在这里，可以看见绿的草、白的小花、暖的阳光。也可以借着光看两页书——只要有书看，危险也忘了，臭味也闻不到了，跋山涉水地来上个大号也就变得不那么令人厌烦了。

我一直也没有想通，为什么这院子的公厕要建在西北角的二楼上。它平时怎么维护？是住户轮流还是请人？卫生费怎么收？爱国卫生运动检不检查这里？

小孩子就是这点好，世界对他来说是设置完成的，可以做的只剩下忍受痛苦，寻找快乐。

我还想说说那本我心目中最好的厕所书《鼹鼠原野的小伙伴》，作者是古田足日，日文版首版于1968年12月。

当年我手头的是安伟邦译本，中国少年儿童出版社1981年版。现在我儿子读的是彭懿译本，接力出版社2013年版，书名也改成了《鼹鼠原野的伙伴们》。

小矮子明良、胖墩儿直行、高个子一男和眼睛滴溜儿圆的裕子这四个孩子，有一天钻出离家不远的猫头鹰森林，发现了一片长满了草的原野。

这片原野就是鼹鼠原野。

孩子们在原野上用吸尘器捉昆虫，离家出走时会躲到鼹鼠原野的树上。这里是他们的乐园、他们的金银岛，也是他们和班主任石川洋子老师的小秘密。日本评论家说，在日本的儿童文学中，还找不到第二本这样鲜活描写孩子们在野外玩耍、快乐游戏的故事。

其实我印象最深的不是鼹鼠原野上发生的故事，而是第一篇《校长先生不可怕》。

为了扳回他们在校长心里的不良印象，孩子们打算在学校的秋天展览会上拿出一点东西。他们打算用眼泪制出盐来，一定会吓大家一跳。一男家里有个婴儿天天哭，他们就拿牛奶瓶去接眼泪。他们又去挑逗恶霸一郎，一郎一拳打在一男脑袋上，一男忍不住哭了，明良慌忙拿牛奶瓶去接他的眼泪。

当年的我都要笑死了。为了挽回名誉，要这么拼吗？真是一群奇怪的小朋友啊。可是，我也好想有个洋子老师那样的班主任啊！

书的末尾，鼹鼠原野要被挖掉改建了。

小朋友们用了自己所能做到的最大方式反抗，还惊动了市议员和市长，他们争取到了比计划中更大的游戏场。虽然明良大喊"这叫山吗？这叫森林吗？没有猫头鹰，也没有独角仙！市长骗人！"，但裕子说得对：总比没有好吧。该是无奈地接受现实的时候了。

一年前等洋子老师电话那天看过的周刊上的未来世界，浮现在了四个人的脑子里。三十层以上的大楼群、比新干线还快的单轨铁路——可是，那个世界上还有真正的森林吗？

四个人都开始怀疑起来，他们开始渴望一个有真正森林的世界了。

　　这一段深深印在八岁的我的脑海里，和《白马啸西风》结尾那句"那都是很好很好的，可是我偏不喜欢"，一起构成了我童年的怅惘。

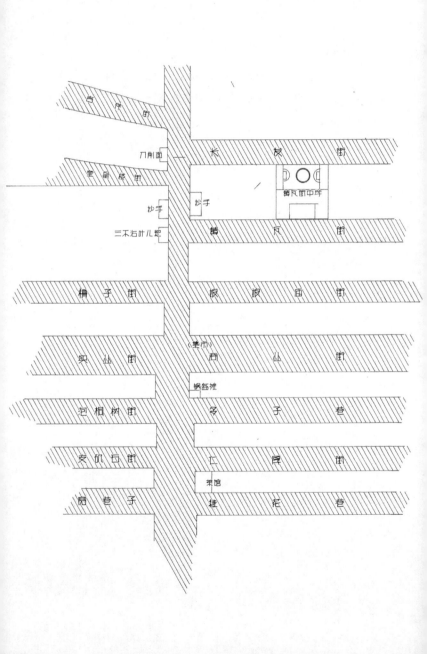

成都

母亲的家乡。

1982年父亲研究生

毕业分配到此。

1988年调离。

我在这里读了一年小学、

一年中学。

初三的城市漫游

　　跟很多人一样，我的童年有一多半在祖父祖母身边度过，而且是断断续续的。送回祖父祖母身边的理由五花八门：有时候是因为父母工作忙，照看不好以致我面黄肌瘦；有时候是因为我爸要去广州读研究生，我妈带着我压力比较大；有时候是因为爸妈工作的四川乐山地区有地震……总之，我的小学履历里写满了转学的经历。

　　转学并不好玩，口音要换，学校要换，刚刚熟悉的老师和同学要换，有时连教材也要换——正是五年制转为六年制的当口，成都已经试点六年制，下面县份仍是五年制。

　　1987年，我14岁，眼瞅着要上初三了。这时我爸已经研究生毕业分配回成都，我妈也调动回去，只有我还窝在祖父祖母身边。可是，我的户口与学籍都在成都，我得回那里去考高中。

　　初中前两年，我上的是富顺二中。这是一所省重点中学，历史悠久，人才辈出。如果非要我说一个大家都知道的校友，好吧，郭敬明。不过我更愿意说，以《厚黑学》名世的李宗吾先生，是二中的老校长。

尽管富顺二中在川南声名赫赫，但其中的一名学生转学到成都，却半点入不了稍好一点的中学的法眼。太差的学校，父母也不愿意让我去。到处托人，经过一些拐弯抹角的关系，我被送进了黄瓦街中学。介绍人说，这所中学虽然不大，倒是以严格出名。

黄瓦街中学真是"不大"。首先，它只有初中。而且校本部只是三进的小院，全是平房，所有的教室加起来，只够初三六个班上课，初一、初二只好到附近的少年宫借教室。我在那里念了一年书，几乎没见过初一、初二的学弟学妹——这说明几乎也没什么全校性活动。

操场是有的，虽然很小，有两个篮球架、一根旗杆。这操场小到没法画出五十米的标准跑道，横竖都不够。体育课跑步，是出校门，绕着学校跑一圈。测验的时候，将校门前的那条小街两头放些障碍物堵住，就在马路上跑五十米。

我在这里度过了初三的生涯。三十多年后回头看，之前我在富顺二中就读，高中转去广东佛山，在佛山最好的一中上学。黄瓦街中学在我的求学之路上，是少有的不带"重点"二字的学校，我甚至猜测，在中国数以万计论的城市中学群里，它的规模怕也是排在倒数前列。

但我在这里收获了一年的美好回忆。即使是升学的强大压力，并且碰到了两三次校外流氓的勒索，也没有冲淡记忆的光晕。真是一件奇异的事。

这样一个小学校，学生多是附近街道的居民。似乎我是住得较远的一个，而且还不会骑自行车，理所当然地，中午就留在学校吃饭。这里居然也有一个食堂，应该说，有一个厨房，因为那里并无就餐的桌椅，买了饭须回教室吃。我又发现了一种神奇的状况：整个初三，似乎常常只有我一个人在学校搭伙。

于是我在早读后去一趟食堂（离我的教室只有十几二十米），告诉胡子拉碴的年轻厨师，我今天中午要搭伙。到了12点放学，我拿着饭盒再去。厨师一般只炒一个菜，回锅肉、蒜薹肉丝、青椒肉丝轮着来，我一半他一半；再蒸一钵饭，一斤左右，你要打三两四两随便。

我端着饭菜回教室，坐在自己座位上摊开一本书，慢慢地边看边吃。有很长一段时间，佐饭的书，是汪曾祺的《晚饭花集》。因为祖父是高邮人，且是汪曾祺的表弟，我对这本写高邮民国生活的书颇有亲近感。吃着成都的饭，看着高邮的往事，陈小手、高北溟、王淡人、陈泥鳅。中午的学校安静极了，偶尔有住校的杂工炒菜的嗞啦声。书中的这些人事辽远而沉静，看到《鉴赏家》里季匋民在画上题"风拂紫藤花乱"，学校院子里，教室通往办公室与食堂的路上有一道花架，也有紫藤似的花。新学年开学未久，初秋的风还很温柔。

饭后去洗碗，回来接着读书。《晚饭花集》终于读"熟"

了，就换一本。过了一个学期，进入考前冲刺阶段，还从家里带了一本人民文学社1981年版的《儒林外史》。有时中午去如厕，也带着书。那本书实在太厚，终于有一次在挡板上没搁牢，掉进了厕坑里。Ade，我的杜少卿和匡超人！

新到这个学校，我用书本与沉默构筑了一堵墙。下午上课前有同学陆续进来，也不轻易与我说话，大家待在座位上各做各的。不过大城市的孩子，又是主场，比我要活泼得多。渐渐有人跟我打招呼，也说上两句闲话。有一次，一位女同学看我在读一本《围棋天地》，很好奇地凑过来："这是围棋哇？咋个下嘛？"我就简单地说了两句，最基本的，一颗子有四口气，如果四口气都被堵死，该棋子就要被提掉。

隔天中午，我正低头看书。突然听见哗啦哗啦的脚步声，进了教室，而且哗啦哗啦地放大，向我靠近。一抬头，愕然，前面的椅子上、左边、右边，各站了一位女同学。

"哈哈，你没气啦！被提掉啦！"

果然，后面还站了一位。我只好认输，跑到一边，表示被提掉。经过这一番闹，同学间的距离感少了许多。

慢慢熟悉了新的生活，戒心也少了。我尝试着饭后走出校门，往右走，五十米（正好是短跑测验的长度），就到了黄瓦街口，打横是一条长街，长顺中街。我立刻发现，不少同学中午并没有回家，他们只是不在学校搭伙。

街口有一家卖叶儿粑的，号称"三不粘"（不粘锅、不粘筷、不粘牙）。往右走（南方人分不清东南西北），街两边各有一家卖面食的，女老板们坐在店门口包抄手，筷子头在馅碗里略一蘸，在淡黄色的抄手皮上一抹，手一转，一只抄手便丢进撒了白面粉的筛箩里。左边的那家一碗会多给一两只，右边那家是一对姐妹开的，自制的熟油海椒，滋味似乎的确好一些，一碗下肚，让人浑身燥热，雨天特别受欢迎。

再往前走，有一家卖刀削面的。下面的伙计并没有炫技般地将面团顶在头上，只是随意地擎在手中，一大块铁片嗖嗖飞舞，大小未必均匀的面片飞进店门口的大铁锅中。捞出来，加上油乎乎的肉码（臊子）、几根青菜。中午总有好几个学生站在门口轮候。观察半年后，我觉得这伙计捞面的时候，给女生要比给男生的多，女生的三两相当于男生的四两。

往前走，吃的没有了，只有台球铺。反过来回到街口，往左走，朝着宽窄巷子的方向，仍然有刀削面、抄手，但味道没有往右走的好。

再往前是一个集市，绿油油的豌豆尖、白生生的萝卜、青郁郁的甘蔗、灰扑扑的地瓜。一两个摊点卖衣服，完全不放在我的眼里。

集市走到中间，一个锅盔摊！玻璃柜子擦得锃亮，里面卧着白面锅盔、肉锅盔、酥油锅盔。不要那些，我要正在烘的红糖锅盔，一吃一口糖，滴滴答答往下流，举起来，热热地捏在手心里。要是没有红糖的，就来两个混糖的，没那么绵扯，可以揪着吃，舌尖有隐隐约约的甜。

走完了这片集市，能看到一个颇大的茶馆，幺师来来去去地冲水，茶客们仰面向天，或趴在桌上打瞌睡。也有向茶馆租了一副围棋赌棋的，一点都不斯文。棋不是下的，也不是日本式的"打"，而是砰的一声丢在木棋盘上，再用一根手指去戳正位置。不少棋子已裂成两半，那又有啥子？未必半颗棋不算？下到收官，棋盒见底了，棋子不够数！

"喂，说好，这块棋死了哈，我收来用。"

"啥子哟！老子还要留来打劫的。"

"打个铲铲！……数嘛，两个劫材，等会儿让你两步就是！老子劫材多得很！"

"对嘛！哪个怕哪个？"

骂骂咧咧声中一盘终了。输家丢一张皱巴巴的大团结（十元人民币）在棋盘上。

哎呀！看太久了，都要上课了得嘛！赶快跑！

学校果然严格。初三了，要升学了，别的法宝莫得，拿时间夯，每天加课加考，到晚上8点才放学。每天五角钱，5点钟加一次餐。从外面订的小圆面包，食堂的厨师捧一个大箢箕，上面盖着白布，掀开，半温的，一人一个。

8点放学，晚上的街道黑灯瞎火，不够安全。于是学校规定家住同方向的三个同学一道走。我跟另外两位女同学分到一个回家小组，她们俩手拉手在前面走，我不好意思跟她们并排走，拉开几米跟在后面。暗夜里只听见唰唰的脚步声和偶尔的笑声，有时其中一位女生会轻轻地哼一首歌，《雪绒花》，或是《大约在冬季》。

有时老师开恩，不考试（比如周末），放学的时候正是薄暮，但还是习惯地三人一道走。前方有影影绰绰的两个背影，低低的语声，不知道在说啥子。想走近点，又磨不开面皮。直到岔路口，她们先到家，两人转过来，招一招手作别，连脸都看不清了。

四年过去，我从广州返回成都，见到其中一位女同学，她很高兴地说起从前的某事某事。

"这个，我不知道呀！"

"怎么会不知道，就是初二上学期我们去崇庆……"

"我是初三才转过来的呀。"

"哦，我怎么觉得咱们一起读了三年……"

也是到了那时，我才知道，这小小的黄瓦街，有清一代，是成都八旗驻防区域的中心。清制宗室准用明黄色，成都的贝子与觉罗们将一条街的房瓦全刷成明黄色，故称黄瓦街。

长顺中街的市集，再往前走一条街，就到了著名的宽窄巷子。那是成都从前最美丽的所在，住的都是达官显贵。连绵的小院，街两边都是粉墙，墙内绿树掩映，竹影婆娑。户门的匾额，落款不是于右任就是张大千。

这样的好地方，整整一年我竟从未去过，只是吃了上百个锅盔，看了几十盘棋。

成都的四张面孔

成都城

民国文人到过成都的，都一口咬定，成都像北平。老舍是最有发言权的吧？他道是："我是北平人，而成都有许多与北平相似之处，稍稍使我减去些乡思……在我的心中，地方好象也都象人似的，有个性格。我不喜上海，因为我抓不住它的性格，说不清它到底是怎么一回事。对成都……我似乎已看到了它的灵魂，因为它与北平相似。"（《可爱的成都》）

芜湖人张恨水的判断要更讲依据一些。他说"从成都之建筑，考察到北平风味，是不中不远矣"，而那时成都的建筑是这样的：

> 看成都的旧街道，两层矮矮的店铺夹着土质的路面宽达三四丈，街旁不断地有绿树。走小巷，两旁的矮

墙，簇拥出绿色的竹木，稀少的行人，在土路上走着，略有步伐声。一个小贩，当的一声敲了小锣过去，打破了深巷的寂寞，这都是绝好的北平味。（《蓉行杂感》）

据张恨水想来，这都是有清三百年驻防旗人的功劳，他们扶老携幼，由北而南，占据了被张献忠烧杀得一片焦土的成都，后又经康熙、乾隆两世的重修，这里自然会染上北京的风味。他直截挑出了两桩细节：一是"夜市"，一是"茶馆"。闲话过扬州引起风波的湖南人易君左写成都的两句诗，"入暮旋收市，凌晨即品茶。承平风味足，楚客独兴嗟"，也正是说这两桩。

关于夜市，张恨水说："跑了许多城市，还不见第三处有这作风"，"在一条马路的人行道上，铺了许多地摊，夹街对峙。那菜油灯光的微光，照着地摊上一些新旧杂货与书本，又恍然是北平情调。这虽然万万赶不上北平夜市的热闹"。

"入暮旋收市"，成都铺面收市是很早的——这是驻防的遗风，与北京日落即关城门异曲同工。虽说全国大的城市都有旗人驻防，但"天下未乱蜀先乱，天下已治蜀未治"的俗谚，早已说明那时此地的不安靖。但民众生活的需求，终究是法令压不下来的，于是夜市早市，纷纷勃兴。

"北平任何一个十字街口，必有一家油盐杂货铺（兼菜摊），一家粮食店，一家煤店。而在成都不是这样，是一家很大的茶馆，代替了一切。我们可知蓉城人士之上茶馆，其需要有胜于油盐小菜与米和煤者。"这便是"凌晨即品茶"的承平风味，说明"成都人时间之充裕"。丁聪画过一组各地茶馆图，从中确可看出城市之间的分际。上海的茶园充斥着"白相人"，广东的茶楼飘满的是生意经，只有北京与成都的茶馆，树上挂着画眉或八哥，茶客们慢慢地聊闲天，成都话叫"冲壳子"，茶博士（成都叫"幺师"）则不紧不慢地往盖碗里续水。

于是张恨水下了结论：北平与成都的差别在于"北平是壮丽，成都是纤丽；北平是端重，成都是静穆；北平是潇洒，成都是飘逸"。貌似归貌似，成都终归有它自己的性格。

先贤们说得虽有道理，但在直觉上，我从未觉得住过四五年的成都，与已住了廿多年的北京，有多少共通的地方。也许六七十年淮橘成枳，两个城市早非复往日风貌。威远老乡罗念生的比喻我比较认同："燕京城像一个武士，虽是极尽雄壮与尊严，但不免有几分粗鲁与呆板；芙蓉城像一个文人，说不尽的温文，数不完的雅趣。"

成都人

我总认为成都更像上海，它们都有一种女性的味道：上海每每被笑谑为"小男人之都"，成都也盛产怕老婆、会做菜的"㸆耳朵"。还有，每个城市总有自己最推崇的特性，北京夸耀"仗义"，重庆自豪于"耿直"，广州重视"醒目"，上海当然强调"精明"，而成都人最得意的也是"精灵"，骂起人来总是"瓜娃子""白耳门"，犹如上海的"阿木林"、广州的"戆居仔"。

《新周刊》有专题曰"成都：中国第四城"，该期杂志在成都卖到脱销，其他"第四城"竞争者如天津、重庆自然不会服气。对此我不予置评，只说早在抗战时期，就有"成都是中国第四大城"的说法，只是这个排行榜依据何在，不得而知。总之，成都人也不大容得外省人说成都是"西部城市"。

成都在巴山蜀水间自大惯了。北京看外地人都是"地方上的"；上海看外地人都是"乡下人"；成都缩小一点，四川境内，除了重庆，都是"县份上的"。有童谣曰："胖娃儿胖嘟嘟，骑马上成都；成都又好耍，胖娃儿骑白马……"为什么胖娃儿要上成都？因为成都比"县份上"好耍。而成都的繁华，实得益于成都人瞧不上的外县"胖娃儿"。

据《成都劝业场的变迁》记载，清末以前，成都市面上从来没有"公平诚信，童叟无欺"的信条，"一元钱甚至更低价可以卖出的货物，他可以要价到两三元。本地人习以为常，你漫天要价，我就地还钱。稍有经验的人倒不至于上当；但外县外乡不常到成都的人，若不谙行情，便极易吃亏"。而且假货之多，冠绝诸省。直到光绪三十四年（1908

年），四川巡警道、浙江人周孝怀开设劝业场，才规定商品必须明码标价，结束了成都商业的混乱时代。

正如来自湘西的沈从文厌恶自以为是的长沙人，成都人在四川各属县百姓中的口碑历来不佳。自贡人雷铁崖写有一篇《滑头成都佬》，开头便说"成都人素以滑头著，在四川中民气独浇薄，一似绝不足有为者，以故川中各属见成都人，则望望然去之，若将浼焉者"。各属县的人一见成都人，就走避不及，似乎沾上他们就会倒霉。说成都人"滑头""浇薄"，意思是成都人不厚道，好占小便宜，"吃饭垒尖尖，做事梭边边"，而且笑人无，气人有，势利眼。

时至今世，李伯清在他的"散打评书"里创出了另一个词"假打"。这个词意味深长，经典形容如"站在街边穿个架架儿（背心）打大哥大""抠别个奔驰车的牌牌给自家自行车装起"等等，均可以"假打"之名冠之。成都人这样的行径实在也是"古已有之"，清末成都人傅崇矩作《成都通览》，自揭其短，列举成都人的性情积习："绅士不固团体，好排挤……茶铺聚谈，好造风谣。青年子弟好戴眼镜冒充学生，及学洋派。以出入衙门公局为荣……假意留客，客已离座，方假言：'吃饭再走。'"

最后一句最为经典，我少时在成都，每听人谈某某妇女，送客都送到楼梯口了，才说："你吃了晌午再走嘛！"盖她怕在家门口、楼梯上说早了，客人真的会留下来。

这样说起来，成都人岂非无所取法？其实这一点亦像上海，外地人看着总觉得他们假、虚伪、小气，本地人习惯成自然，酬酢应对，照样其乐融融。跟成都人交往，确有虚声假气的一面，相识不久，便"哥姐弟妹"喊得极亲热，七分话往往说到十分，但也有巴心巴肝的一面，缓急相济，敬雅重文，同样是成都市井的传统。

而且成都人逢到大事，急公好义，犹胜他人。雷铁崖写于1911年东京的《滑头成都佬》，看似贬损成都人，实则要为刚掀起保路风潮的成都民众正名："始而惊惶，继而痛哭，更继而罢市罢课，热潮愈高，众心愈奋，竟一举而诛锄清吏，占领全城，独立之旗飞扬锦里，自由之花开满蓉城。前之滑头者，今日竟断头而不顾，果何故耶？"2008年汶川地震，一向被认为滑头、贪小利的成都出租车司机，群起自发奔赴都江堰救灾，一洗众人平日之观感。

成都话

相比起掷地有声的重庆话，我更爱听尖巧绵软的成都话，尤其是女娃子讲。两者的差别，正如宁波话与苏州话的分殊。

凡久为政治、文化中心的城市，市井俗语，也能发展出一套曲里拐弯，善于绕着圈儿调侃、讥笑（成都话是谓"弯酸""踏谑"）人事的言辞。北京、上海、广州、香港，莫不如是，成都也不遑多让。相比之下，成都话里耍聪明的空间更大，也更弯酸人。

成都人吵架，"你放屁，你才放屁，你们全家都放屁"，这种直来直去的抬杠是不作兴的，讲究的当是顺水推舟，顺着对方的逻辑往下讲，比如对方骂："你这个舅子！"（"舅子"在四川是骂人的狠话，意谓问候人家的姐妹。）他必答："是！我是你姑父的舅子！"又如对方骂："你个丑人多作怪！"她必答："你漂亮，真的漂亮，你身上的虱子都是双眼皮的！"

何满子讲过一则茶馆里的趣闻，适足反映成都人的俏皮：

有一个幺师，提着满壶开水，不小心洒了，溅到一位茶客的腿上。茶客当然光火："咋搞起的嘛！"

幺师赶紧辩解："干净的。"

"干净的？干净的痛噻！"

"没有开的。"幺师的意思是不开的水，不会烫伤人。

惹恼了隔邻的一位茶客："没有开的水咋个拿来给人家喝呢？"这问得有道理，明明喊的是"鲜开水，借光"。

幺师侧过身子，用手捂着嘴，轻轻地对发话的茶客说："呵（哄）他的！"

何满子赞曰："这'干净的''没有开的''呵他的'，

这一连串捷辩的遁词，用四川话模拟，才能绘声绘色，颇有幽默效果。"成都人极以自己的方言自豪，他们骄傲地宣称："成都话，就是四川的普通话！"例证是，不管哪个县唱的川剧，念白都须用成都话，"用当地话，会被人轰下台的"！

因此外来的文化成品输入成都，总有人变着法儿地将之"周到"地转化为地方方言，为成都民众的耳朵服务。二十世纪三四十年代，运来成都的英美"大片"多是默片，影院配上中文幻灯字幕，照样用成都方言。何满子记得1940年在成都看好莱坞电影，字幕上都是"啥子""咋个的嘛""给他个不来气"之类的对话，外地人很要神头神脑一段时间才反应得过来。有部片子男主角邀女主角相会，至期而失约，字幕说明是："她放黄了。"何满子唯有感慨成都人改造电影的功夫真是了得。

他们甚至不满足于默片的字幕效果，常常是字幕一出，满院观众都用成都话大声跟读："乖乖，我真爱你！你这不中用的东西，气死我了！"读完，全场哄堂大笑——这里不仅仅是方言的乐趣，而且表明成都人自娱自乐，善于从外物中得到"额外乐趣"的本事，天下无双。记得当年甲A"金牌球市"时代，四川全兴队主场观众对于层出不穷的"黑哨"忍无可忍，于是相约将几万张扑克牌染黄带入球场，届时一声"黄牌"，几万张黄牌飞舞空中，煞是壮观。

还有2005年的"超级女声"，明明是湖南卫视主办的选秀节目，成都活活把它变成了自己的城中盛事。满城百姓一边吃"冷啖杯",一边狂挺所谓"成都小吃团"玉米、凉粉、盒饭,以致决赛期间,湖南主场的周笔畅歌迷发出愤怒的指责:"笔笔一个人,对抗一座城!"

近年成都很时兴将经典电影配上四川方言重新发行,如《简爱》《城市之光》,均极尽恶搞之能事。《猫和老鼠》的各方言版中,以四川话版最为阵容齐整(配音者多为当地知名笑星),制作精良,老鼠"疯扯扯"与猫"假老练",完全创造了与原版截然不同的娱乐效果。还有四川方言版的《潜伏》热播,说成都话的余则成,说中江话的翠萍,说自贡话的吴站长……可惜后来停播了。

成都饭

之所以说"成都饭",而不是"成都菜",在于成都的佳味不仅仅在"菜"上。《死水微澜》里,邓幺姑犹豫着问韩二奶奶:"成都省的穷人,怕也很苦的罢?"回答的却是:"连讨口子都是快活的!你想,七个钱两个锅块,一个钱一大片卤牛肉,一天哪里讨不上二十个钱,那就可以吃荤了!四城门卖的十二象,五个大钱吃两大碗,乡坝里能够吗?"

所谓"十二象",是当时成都四城门外,有些小饭铺将瘟死猪的脏腑、死猫肉、死狗肉,甚至活鲜鲜的老鼠肉,总之,凡是动物的肉,煮一大锅,卖给那些平日难得吃油荤的人。十二象的意思是说，从老鼠到猪，十二生肖全有。

听上去有些恶心，事实上，大部分经高温消毒的废弃食材，加上四川特有的红油重辣，能带给穷苦人们多少快活！如今驰名天下的夫妻肺片，最初其实叫作"废片"，材料全是屠宰场不要的牛头皮、牛肺、牛肚等物。变废为宝的本事，成都同样天下第一。

同样是"折箩"，即将各大饭馆、公馆搜罗来的剩饭剩菜合煮一锅，以廉价卖给下苦力者。北京的"折箩"两个大子儿一勺，舀到什么是什么，不许争闹；成都的"折箩"则舀到碗里再看，肉多则两个川板（四川发行的铜钱），肉少则一个川板，相当公平。

在成都的姨妈跟我讲过一个故事：某天早上，两个外江人走在街头，看见城门洞里躺着一个叫花子。已是深秋，早晨的瑟瑟寒风让两位行人大发善心，去早点铺买了一碗面，端来送到叫花子手里。似醒非醒的叫花子睁开眼看了看，一甩手："我们成都的叫花子习惯早上吃甜的！"

这些例子说明，成都饭的精美细致，一直下贯到下里巴人的底层生活，而非如别的都市，只照顾大雅之堂的席面。只有极端热爱饮食的城市，才会将这种精细，惠及极低极微的粗茶淡饭。自来有种说法，成都的滋味，在街头巷尾寻常人家的灶头上，或在圩场小担的锅锅头。何满子初到成都时，去"竹林小餐"，叫了一份鸡汤泡饭，看见"墙上贴着一张小纸条，娟娟秀秀地写着两行小字：'鸡汤放酱油，自己吃亏；倘要味道好，请用盐巴！'"。这种亲切而照顾周到的提示使何满子"很感舒服而且有趣，这也是流亡以来跑了许多城市所没有遇到过的"。这一定有许多北方的老乡"懂不起"，往鸡汤里倒酱油，老板或堂倌实在看不过眼，才贴出这么一张字条。

当年在新南门、致民路一带做生意的甜水面担子，吸引了附近多少华西大学、金陵大学、齐鲁大学、济川中学的女学生将担子团团围住。她们吃完甜水面，还可以将学校食堂带去的冷饭添在甜水面的作料里，又酸又甜又辣又咸，不用菜也能下去两碗饭。

抄手担子就更让人垂涎了，"担子一端鼎锅中早已煮好雪白、肥嫩的大、小肠子，中间小横板上、瓦钵子里是切好的心、肝、肉、肺片，任君选择。另有一大筲箕盛冒饭的米饭，外加粉条、豌豆尖、冬菜、芽菜及作料"。如果你什么都买不起，也没得关系，从家里端碗冷饭去冒热（在汤里烫热），只出冒热的钱，还给你加上免费的葱花、辣椒。

抗战时我祖父在成都金陵大学读书，肉自然不能常常吃，于是独嗜豌豆尖，常说"豌豆尖是菜里的肉，人人爱吃，也吃得起"。豌豆尖至20世纪90年代，尚不过七八分钱一斤，确实是穷百姓的恩物。而令何满子终生不忘的米汤煮冬苋菜，更是易得，"淡煮了蘸胡豆瓣吃，有胶质，拈起来如丝状，滑润可口，风味独特。菜捞完后，汤中稍加酸辣，也极爽口，可说是廉价的美味"。

成都人对饭菜的迷恋，有口皆碑。傅崇矩《成都通览》列此种习性不少，如"好饮食，有饭食便口软"，"男子遇友人于路，必相问曰：'往何处去？'早晨或相问曰：'吃早饭莫有？'午相遇则曰：'吃晌午否？'夜相问曰：'消夜否？'"，"平民妇女，问人吃饭否，必续问曰：'吃什么菜？'"，比起北京通用的"吃了吗"，饮食生活的精粗立见。

最近几年，我大抵每年会回一次成都。总的感觉，成都的建筑日趋标准化、统一化，早已认不出当年的模样，假古董也造了不少，依然只能呵（哄）下外地人。市井生活也不可避免地制式化且粗鄙化，纵横川中数百年的锅盔，而今混糖的、包糖的都被多数锅盔摊子摒弃，只剩下利润最高的肉锅盔。成都人满为患，当然也不愿在市里休闲，一窝蜂地拥向周边的"古镇"，带起"古镇建设热"，留下一大批一模一样的古镇、千篇一律的特产。

俗语说"少不入川"，又说"在川一条虫，出川一条龙"。上次听说，北京798艺术园区的一些工作室，到成都待了半年一年，纷纷迁回北京，因为在成都夜夜笙歌，员工都无心做事了。

成都依然是我们的消费之城、欲望之都。面对它，我总是心情复杂。我眷恋当年的安闲与从容，实在怕看今日的浮华与躁乱。2009年6月5日，从邓幺姑、罗歪嘴的天回镇开出的9路公共汽车，在象征蜀道不再难的川陕立交桥上起火，容量七十多人的车中挤了一百二十余人。仅此一端，已可见今日成都生活之一斑。这不仅是一种纵火反社会的小概率事件，更是一个象征，意味着安宁的后院已成为喧嚣的圩场。而十来年前去看李劫人故居，确还藏在背静的"劫人路"的尽头，但几十米外，就是日益嘈乱的三环路，现在也变成了闹热无比的地标"东门市井"。于右任住宽巷子的时代已经过去，如今改建过的宽巷子，是成都的新天地。那条我中学时日日走过的巷子，2007年改建前，我曾在拆得乱朽朽的工地上拾了一块瓦当，此刻就摆在我的书架上。

华西坝的祖父祖母

华西坝，那个抗战时期"教会五大学"麇集弦歌的所在。

华西坝紧临锦江南岸，在成都的中心区域，我对这一带并不陌生。喏，华西医院，我曾多次来此探望生病的姨妈；小天竺路，初三时我曾无数次骑车从那里经过，去找气象学院的发小儿玩耍；当时还在葛园的成都棋院，我也去上过暑期班；更不要说滨江公园的茶馆……当年的我万万没有意识到，这块场域下埋藏着一段历史。

抗战时期，金陵女子文理学院、金陵大学、齐鲁大学、燕京大学四所教会大学内迁入蓉，借用华西协合大学的校舍、设备联合办学，时人称为"华西坝五大学"。

从形式上说，在国民政府"收回教权"的要求下，从1927年到1932年，中国的教会大学大都已经完成了向私立大学的转变。不过无论是时人称呼，还是各校自认，仍是径以"教会大学"呼之。虽然各校的理事会都是中国人占优势，校长也由中国人担任，但立校的物质基础仍然掌握在西方教会手中。1936年，全国十三所基督教教会大学的托事部合并为"中国基督教大学联合部"，在美英两国各设总办事处，对在华的基督教教会大学实行统一调配、统一领导和统一财务管理——这正是基督教五大学在华西坝紧密合作、持之以恒的基础。

同是抗战时内迁的大学，大家很容易会提出疑问："华西坝五大学与西南联大为代表的国立大学有何区别？"

学者岱峻认为，两者最大的不同在于生源、办学资金与办学环境。教会大学的学生多半来自经济条件比较好的家庭，教会大学的教育经费有相当份额是西方教会拨付的教友捐款，较之西南联大远为稳定；而成都虽亦遭敌机轰炸，但华西协合大学的基础建筑俱在，较之西南联大要在昆明乃至蒙自新建校舍宿房，不可同日而语。所谓"联大无广厦有大师，坝上有广厦有大师"。

这几点综合起来，造成两个教育中心"关注当下"与"注重长远"的区别。这种概括或许未必全面，但华西坝有西南联大没有的医学院与农学院，确乎是它鲜明的教育特色。

其中较为知名的是美国人卜凯。他毕业于美国康奈尔大学的农学院，与胡适、赵元任是校友。1915年毕业后来华，他在康奈尔大学的姊妹学校金陵大学任教。1917年，他与传教士之女赛珍珠结婚。夫妇共同投入对中国各地的农业经济调查，尤其在金陵大学徐澄、乔启明、崔毓俊等学生毕业留校后，师生耗费八年时间，完成了七省十七个地区两千八百六十六户农家调查，据此撰成《中国农家经济》一书。赛珍珠根据在中国农村的调查经历写出的小说《大地》，获得普利策奖与诺贝尔文学奖。

金大南迁后，卜凯仍然主持农经系的调查研究。他本想改变东方，却发现自己已然是"一个被改变的人"。卜凯"科学理论不分国界，对任何人皆可适用"的观点，也曾在1944年获得《新华日报》的褒奖。

1937年，高邮出生、南京长大的杨汝纶随在国民政府交通部工作的父亲西迁重庆，1938年从迁至万县郊区的金陵大学附中毕业。他本想报考燕京大学新闻系，因为成绩优秀，直接保送了金陵大学农经系。1941年参加系里组织的农村调查，后来选定了毕业论文题目《四川华阳县水稻、小麦、玉米、红薯四种作物生产成本的研究》，指导教师正是卜凯。

他在华西坝认识了低一级的园艺系同学陈砚君。"一个星期日上午，她骑自行车从老南门大桥下桥时与一部人力车猛烈相撞，摔得头破血流，旗袍染红，我闻讯急送医院抢救，并日夜护理，从此我们建立了恋爱关系。"杨汝纶后来回忆。是的，他们是我的祖父祖母。

自行车，成都人叫"洋马儿"，也是由教会大学首先带入西南的。祖母，一个来自川南小县的富家小姐，想必也是到成都上学后才学会骑这舶来工具的吧？车技不熟练，难怪发生车祸……站在华西协合大学校门原址所在的锦江南岸，我想象这个消息是怎样传回校内，祖父以什么方法从校内宿舍赶往事故地点，又是怎样将祖母送往医院的……

只有在走过华西坝之后，这段爱情故事才突然变得如此真实，足资想象。一个下江男生与一名四川女子，因为抗战的原因相会于同一所教会大学，学了相似的专业，毕业后去过南京、上海，最后都留在四川，为四川服务了一辈子。我父亲在四川长大、求学、成家、立业，离开四川去广东近二十年，退休后又回到成都。

我曾问过祖父，从教会大学的附中读到本校，要不要读《圣经》上神学课？祖父说，这个随个人意愿。从父亲一辈到我这一辈，没人见过祖父母有什么宗教举动，或流露出什么宗教思想，倒是金陵大学农学院深入农村的调研经验与扎实态度，伴随了他们一生。

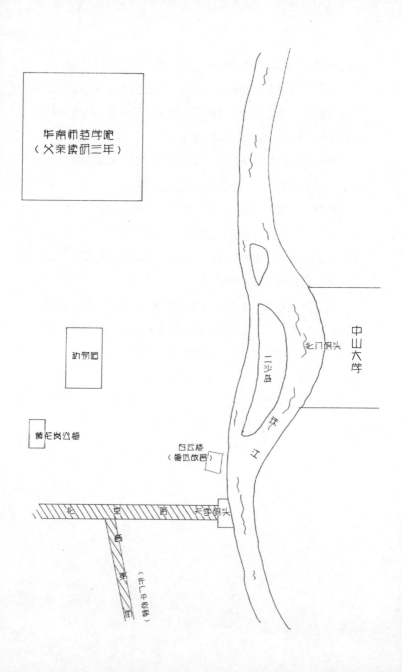

华南师范学院
（父亲读研三年）

动物园

黄花岗公墓

白云楼
（鲁迅故居）

北京路

天字码头

高第街
（开平老家）

珠江

二沙岛

北门码头

中山大学

广 州

1979—1982年

父亲在华南师范学院读研究生。

1991—1995年

我就读于中山大学。

1995—1998年

在广州媒体工作。

广州的滋味

电视机！易拉罐！

1981年6月底，我正在富顺县委宿舍楼下跟小伙伴玩，突然听见有人叫我名字。抬头一看，是我爸！整个人又黑又瘦，肩上挑着一根棒棒，前面一个大纸箱，后面一个大纸箱。

后来才知道，两个纸箱里各是一台九英寸"日电牌"黑白电视机。一台是给祖父祖母的，一台是给同学的父母捎的。那时，我不到八岁，还体会不到挑着两台电视机从广州回四川有多么艰难。

父亲是1979年考上华南师范学院（1982年更名为华南师范大学）中文系研究生的。父母当时都在青神县中学教书，我还不到六岁。这种情形下要去千里之外念书，肯定很让人为难。事实上，有多少那两年考上大学、研究生的，都为了家庭与工作放弃了继续求学的机会。

父亲未来的导师廖子东先生，暑假到陕西开会，开完会特意绕道来了四川。他从成都去青神，在眉山下了火车，乘马车到汽车站。因为没有预先订票，只能买站票，从眉山一直站到青神。

为什么非要来见这位未入学的学生？父亲说，那年华南师院现代文学专业想招五个人，结果只有父亲一个人考上了，如果父亲要推迟入学，那这个专业就没学生了。廖先生希望能说服父亲去广州，如果能去，就顺便面试他。

无巧不巧，祖父祖母正好从富顺来青神看儿孙，从眉山来青神的路上还正好跟廖先生同车，只是互不认识。待到廖老在县招待所住下，寻到青神中学来，大家才知道廖老一路怎么历尽辛苦。祖父祖母十分感动，一位老先生，大热天为了学生如此奔波！早知道在车上该把座位让给他……祖父祖母当即表态，将我带回富顺上小学，不影响父亲去广州念研究生。

1979年9月我以旁听生身份入读富顺团结路小学，10月父亲去了广州。

现在他回来了！还带着两台电视机！

在此之前我当然看过电视，都是去西湖边上的茶馆，交五分钱，可以看一集《铁臂阿童木》或《加里森敢死队》，我还从来没有想过家里也可以有一台电视。

那台电视只有九英寸（对角线二十二点八六厘米，比最早的iPad一代还小），家里很快配上了一块红蓝屏。据说这种红红蓝蓝的挂屏，能给黑白电视带来一点儿彩色的效果，而且有一定的放大作用，能把九英寸看成十英寸。

当天晚上，我一边兴奋地看着画面麻麻杂杂的黑白电视，一边打开了父亲给我带的礼物。细长的金属罐子，天气很热，摸上去多少有点凉意，头上有个拉环，一使劲，开了！

喝了一口，妈呀！这是什么美味啊！

清甜……甜……回味……还是满口的甜！

就着厅里九瓦的灯泡，仔细看罐子上的字，是很少见到的字体——非宋非黑，后来我才知道是圆体。开学我就是二年级小学生了，又喜欢乱读书，"蔗汁"两个字我是认得的，可是，这甘蔗怎么这么甜！

富顺的甘蔗我吃得多了，青皮的，细长如高粱秆，根部还算甜，蔗梢就只能算微甜，绝对无法提供这罐子里那种又清爽又甜到有点发齁的奇特风味。

嗯，这就是来自广州的馈赠。

在广州送走20世纪70年代

因为父亲去了广州，我跟着祖父祖母在富顺，母亲在青神中学教书，把父亲的工资全数寄广州，每月寄二十元到富顺作为我的生活费，剩下的钱，还要买电视，买家具，都是从嘴里抠出来的。

如果父亲没有读研，我可能也就不会到富顺读了大半个小学。如果跟着父母在青神长大，会不会长成另外的样子？更不要说父亲到广州读研，就此埋下1988年举家东南迁的伏笔，也留下了我在广州求学、工作的草蛇灰线。

捋一下，原来父亲去广州，于我，这么重要。

父亲一直有记日记的习惯。近年他整理出了一份《读研日记摘抄》，发给一些亲友。于是从前听闻的一些零碎的生活片段、思绪，终于有了一个置放的框架。

1979年，父亲三十三岁。他在广州度过了第一个元旦、第一个春节，也送走了20世纪70年代的最后一年。

12月10日　给早早寄去小人书四本祝贺他六岁生日。给志仁寄去《花城》《红豆》，新文学史初稿笔记、中国文学史笔记和文艺理论笔记数本。

与当时的很多家庭一样，父亲希望母亲也报考研究生，不然两人往一个地方调动多难啊。但这往往只能是美好的愿望。小孩太拖累了。

12月11日　参观广东鲁迅博物馆，在延安二路原中大旧址，大钟楼即在此。仔细看了鲁迅照片、手稿、衣物，以及大钟楼上鲁迅和许寿裳居室。

12月15日　去图书馆抄回叶文福《将军，你不能这样做》。汇款尚未寄来，已经"山穷水尽"了，向达纯借了5元。晚在暨南大学看露天免费电影《神圣的使命》。

12月22日　与达纯会同去西壕电影院看电影，又看了文化公园里的廖冰兄等人漫画展。回校已是傍晚。一路行来，见很多人家都摆上夜宴，才想起是广东人很重视的"冬节"（立冬）。

12月23日　去五山买书。从华南师院后门走到五山只要15分钟。今天有太阳，又有风，走在郊外真是舒服。这使我忆起重庆的四月天，走在北温泉通向澄江镇江边公路所吹拂的风，有淡淡的惆怅来袭击我的心。

12月30日　晚上食堂改善生活，买了七毛钱菜，回宿舍喝了二两酒，晕乎乎地又去看了一场《佐罗》。

12月31日　1979年最末一天。读完《艾青诗选》第二辑，写《艾青和他的诗》第二部分未毕。晚去院工会门口看迎新晚会。零点钟声敲响，开始了前途未卜的八十年代。

八十年代我们有什么愿望？

第一要安定，不要乱；第二经济繁荣，生活舒适一点。

我个人的三点愿望是：

第一，与志仁和早早见面，一起度过愉快的假日；

第二，志仁工作调动成功；

第三，两人工资都能升级。

前几年我在年夜饭上的祝酒词总是"愿我们大家能太太平平活着"。而现在，我们有权利提出高一点的要求了。

1980年

1月20日　达纯乘夜车离穗，回老家吉林过年。一想起他将在拥挤不堪的火车上待五天六夜，最后被甩在一个淹没在大风雪里的小火车站，禁不住为他犯愁。唉，这思家之情啊，竟能使得一个人心甘情愿地在三九天离开温暖的南方往冰雪里钻。而我，只有一层青烟似的乡愁。只有当某些时候，强烈的思念之情才会像暗夜的篝火似的突然燃烧起来，灼痛我的心。

2月9日　天开始转晴，有风，还有点冷。

与进忠去广州动物园。途经瘦狗岭、沙河。出动物园再去北京路，在菜市场买了一些肉、鸡皮（便宜）和蔬菜准备过年。挤车回石牌历尽艰辛，回到已是晚七时。

2月12日　参加学校组织的活动去佛山参观，乘坐带篷卡车……在佛山市区闲逛一个多小时。佛山比之四川中等城市如泸州、自贡、内江都要大和繁华。街上人极多，店铺的价码仍沿用中医的古数字。看不懂也听不懂，几成文盲聋人。岭南虽自古被视为夷蛮之地，古字古音倒是保存很多，文化的发展显得保守迟缓，真是保存国粹的博物馆。

父亲此时当然不会想到，八年后他会"挈妇将雏"到此地工作，一待就是十八年，直到退休。

2月13日　随廖老去白云山。在山庄旅社廖老请饭，饮葡萄酒一瓶，略有酒意。廖老问志仁是否愿意来广州生活，说中学大学都可以，前提是我留校。廖老还说，广东今年之冷，温度和时长两方面说，为百年来所罕有。有过这一次，今后冬天不会太冷了。

收到几封信，皆云今年奇冷，达纯说北方屋里水缸都整个儿冻上了，志仁信说富顺也下了鹅毛大雪。志仁信中附有早早一纸涂鸦。没有想到他身体和知识都成长得这么迅速。虽然信写得很乱，仍然很高兴。这是儿子第一次自己给我写信呀。看到开头的称呼"爸爸"，有些不习惯，顿悟自己并非在校学生，而是"人之父"。这两封信翻来覆去读了三遍，真有"家书抵万金"的感觉。

收音机播出人大常委会通过的关于建立大学学位制度的决定，分为学士、硕士、博士。我的目标是文学硕士。还须刻苦用功啊。

2月15日　除夕　星期五

上午进城往南关，在西壕影院看英国影片《冰海沉船》和《水晶鞋与玫瑰花》，都是目下万民瞩目的电影。《冰》剧写死亡悲剧，同时又是人的理性战胜死之恐惧的颂歌，具有动人心魄的力量，更得我心。在北京路书店购得大姐向往已久的《牛虻》，购乌龙茶一包送廖老。买鸡皮二元回去做汤。食堂亦有补贴，四毛钱可买四条油炸鱼、一碟红烧肉。进忠被导师请去吃饭，独自在房间饮葡萄酒吃晚饭。

得到老师学校关心，生活还行。但远离家乡亲人，一家人还分了三处。只能在宿舍看看书听听收音机，写写日记。但心境倒是宁静的。因为前面还有希望在。

1981年新年父亲没有写日记，因为母亲去广州了；1982年新年也没有写，因为母亲与我去了广州。

跟着妈妈去广州

1980年春节父亲没回四川过年，1981年春节仍然没回，母亲去广州探亲。到了1982年春节，母亲决定带我去广州探亲。同行的，还有我的"帽杆朋友"（发小）小刚和他妈妈刘阿姨。

这一趟是我少年记忆里万分深刻的旅程。之前我到过成都、青神和富顺，这是第一次出省，还是去那么遥远的广州。1982年从富顺去广州异常困难，先要坐汽车到隆昌，隆昌有火车能到贵阳，从贵阳换车到怀化，怀化再换车，才能到广州。一路全是硬座。

辛苦且不说，隆昌上车的时候，妈妈的棉袄口袋被人划了！车票和几十元钱不翼而飞，那加起来是一个资深中学教师几个月的工资啊！

这件事肯定给广州之旅蒙上了一层阴影。好在我年纪小，不长心，烦恼都让大人承受去了。我只管当熊孩子，晚上贴着三人座靠背睡觉，逼得母亲与另两位乘客只能坐半边屁股，人家也忍了。白天看看小人书，火车里太挤动弹不得，路程太长磨皮擦痒，跟小刚拌了一路嘴。母亲本来就痛惜难过，还要时时压制我这坨狗屎，头疼可想而知。

但刚满八岁的我就是神经大条，当火车越过南岭，窗外的绿色越来越浓，我和小刚都忍不住将头伸出窗外，看四川冬天没有的青翠，火车在冲积平原上隆隆地前行，呼——

在离广州还有四十五分钟的铁道上，我的花格子鸭舌帽被风吹走了。

那是过年前两三天。1982年的春节是1月25日。

我们在石牌的华南师范学院住了二十天，留下的印象十分碎片。

去过华南植物园、广州动物园，来来去去的公交大巴总会经过一个叫"杨基村"的地方，印象不知为什么特别深刻。

不记得有多少次从一道围墙的小门出去，步行到隔壁暨南大学的操场看露天电影。有国产片，也有日本片，别的不记得了。国产片本来以为有《雅马哈鱼档》，搜索一下发现这部反映广州个体户生活的电影是1984年才上映的……日本片记得两部：《华丽的家族》（1974）、《阿西们的街》（1981）。或许因为讲的都是当时完全无法接触甚至无法想象的生活，所以记得住。

在学校的电视里看过一部《国王与夜莺》，那也是我第一次见识到明明是法国木偶动画片，却不是熟悉的普通话配音，而是广东话！"夜莺"听上去是"夜昂"（当然也没听准），十分古怪。春节的大学校园里非常冷清，留校的都是无法回家的外地学生，所以也听不到什么粤语。

去过父亲的两位导师家吃饭。廖爷爷笑眯眯的，讲话不太能听懂；黄爷爷给了我两块金币巧克力，也是从来没见过，只觉得华丽极了。别的吃食也都不记得了，给父亲带去了祖母做的冷吃兔，打开蒙在搪瓷缸子上的油纸，满室皆香。

广州本地呢，只记得一样水果——杨桃。从来没见过的星形水果，清甜酸软的口味，不知道为什么让人想起两年前那个夏天父亲带回来的蔗汁易拉罐。两者似乎有一种共同的口感，难道就是广州的滋味？

鲁迅说过，杨桃就是广州

祖父的书柜里，颇有几本我出生那年出版的鲁迅作品集的白皮本，薄，字也大。我很爱翻那几本小书，又往往是在如厕时，厕所里没灯，靠一点点的天光。至今想起鲁迅，都是暗暗的光下惨淡的文字。但那也挡不住《三闲集》里扑面的南国气息，而鲁迅关于广州的论断，最深得我心的，便是对杨桃的热爱。

鲁迅第一次知道杨桃，是1926年秋。9月28日，先到广州的许广平致信仍在厦门的鲁迅，提到"广东水果现时有杨桃，甚可口，厦门可有吗？该果五瓣，横断如星形，色黄绿"。10月5日夜，鲁迅回信道："我在此常吃香蕉，柚子，都很好；至于杨桃，却没有见过，又不知道是甚么名字，所以也无从买。鼓浪屿也许有罢，但我还未去过。"

虽然没见过没吃过，但从此"杨桃"似乎便成了"广州"的代名词。鲁迅在10月29日信中说："我很想吃杨桃，其所以熬着者，为己，只有一个经济问题，为人，就只怕我一走，玉堂要立刻被攻击，所以有些彷徨。人就能为这样的小问题所牵制，实在可叹。"

然而不到一个星期，不必去广州，居然杨桃就吃到口了。11月5日下午，孙伏园从广州回到厦门，给鲁迅带来了杨桃。鲁迅品尝后评价道："我以为味道并不十分好，而汁多可取，最好是那香气，出于各种水果之上。"

鲁迅这一评价，肯定不只是写在给许广平的信中，而是向周边友人谈及，颇有"盛名之下其实难副"之憾。我想可能有广东或福建人奋起捍卫杨桃这华南之果，也可能鲁迅始终放不下杨桃之思，专门去查了资料。总之，他在11月15日的信中，从一个初入门的杨桃菜鸟，俨然变身为百科全书的杨桃词条："杨桃种类甚多，最好是花地产，皮不光洁，个小而丰肥者佳，香滑可口，伏老带去的未必是佳品，现时已无此果了。"

1927年1月18日，鲁迅终于到了广州。在广州期间，鲁迅不再提杨桃，只是吃。证据是描述1927年九日香港之行的《再谈香港》（作于11月）里，又不经意地提到了杨桃君："在桌上见了一把小刀。这是在北京时用十几个铜子从白塔寺买来，带到广州，这回削过杨桃的。事后一量，连柄长华尺五寸三分。"

鲁爷你在广州，带皮水果不可能只吃过杨桃吧？专门强调这把北京小刀"削过杨桃的"是要搞哪样？让人怀疑鲁爷是在文章里为杨桃带货。到了12月，鲁爷在《在钟楼上》里"招供"了他对杨桃无上的热爱：

> 广东的花果，在"外江佬"的眼里，自然依然是奇特的。我所最爱吃的是"杨桃"，滑而脆，酸而甜，做成罐头的，完全失却了本味。汕头的一种较大，却是"三廉"，不中吃了。我常常宣传杨桃的功德，吃的人大抵赞同，这是我这一年中最卓著的成绩。

从文中可知，鲁迅不仅吃过了各地的杨桃，还尝试了杨桃罐头，就差扩写成一篇评测文章了。不能不说，鲁迅吃杨桃真是吃成精了。

"鲁迅在广州"，是鲁迅生平研究中的大题目，但翻看研究文章，根本没人注意宣传杨桃这一"最卓著的成绩"。显然，研究者们完全不理解杨桃这种食物对于旅居广州者的冲击力，"这是我这一年中最卓著的成绩"只是被当作一句反讽，无人当真。

我现在还常常网购杨桃，剔去棱脊上的黑线，切成厚一点的果片，蘸杨梅粉，似乎总能吃到九十五年前鲁迅所爱的、四十年前深印童年的酸甜的广州滋味。

我的大学

1982年研究生毕业，父亲分配回了成都。一年半后，母亲和我也调回成都。本来，广州只会是回忆中的一页断简，没想到，前面还有七年的缘分在等我。

1988年举家迁至佛山，是父亲的决断。当时我刚刚考上成都石室中学高中，据说当时石室中学一个学籍值二十多万，也就放弃了。

上次来广东，是冬天，也没感到什么不方便。然而一旦"下沉"到佛山这样的地方，情形就大不同。来的时候是9月初，南方的燠热煞是难当，待不上一月就黑了一圈。菜场的小贩不大会讲普通话，比比画画也行，但物价是超乎想象的贵，母亲从市场的这头走到那头，几乎买不下手。那时成都的猪肉刚涨到两块五，而广东的猪肉已经要八九元。关键是伊想不通：怎么会鸡爪比鸡肉贵？鱼头比鱼肉贵？那不都是下脚料吗！

在学校，多多少少会受到一些排挤。有一种说法是：广东经济发达了，你们这些"捞松"（广东人对北方人的称呼，其意一说"老兄"讹音，一说是norther的音译）来抢果子了。不过我还蛮习惯的，从小转学次数太多，从富顺到青神，从青神到成都，从成都到富顺再回成都，转一次学就多一次白眼与讪笑。

三年高中熬下来，考上中山大学——这事儿要感谢/怪/赖妈妈的同级同学吴定宇教授。

1991年我参加高考前，吴伯伯有事来佛山，到我家做客，吃了母亲做的麻婆豆腐、口水鸡，然后力劝我第一志愿报中山大学中文系。理由一是中大中文系毕业分配形势很好；二是中文系很走俏，非报第一志愿不得招取；三呢，吴伯伯其时已是中文系副主任，我如能考上，他可以适当关照一二。

当年还是高考前就填志愿，家里商量的时候，虽然也有北大复旦南大各种想象，但现在有一所名校，离家且近，似乎比别的大学都更可得。讨论再三，我就将中大中文系填了第一志愿，后来果然如愿录取。

又过了两年，我才隐约听说，因为高考成绩还不错，中大岭南学院经济系有意将我截下，我同班的广东省文科高考状元便是去了经济系。此时第一志愿发挥了作用，我就安安生生地到了中文系。

中大“伪君子”

“广州每个大学的学生都有自己的称号，”某师兄神气地对我们这群新生进行入学教育，“华师呢，是‘书呆子’，又叫‘乖孩子’；华工叫‘二流子’；华农是‘土包子’；暨南大学港澳生成群，一班‘花花公子’；广外自然是‘假洋鬼子’；中山医，哈哈，是‘江湖骗子’；至于中大嘛，”他停顿了一下，竖起一个指头，“记住，我们是伪——君——子！”

新生们先是目瞪口呆，接着哄堂大笑。自此也像他一样，将这些说法挂在嘴边，时时向人说起。后来我才知道，凡是高校成群的城市，大抵都有类似的比较性品评在大学生中口头流传，比如武汉的“玩在武大，爱在华师，吃在水院”，又如北京20世纪20年代的“北大老，师大穷，唯有清华可通融”。

说中大学生是“伪君子”，初进校是不怎么体会得到的，只是觉得好玩。那时最强烈的印象是中山大学美丽的校园。军训是在校园里进行的，虽然每天要流好几碗汗，衣服浸出盐渍，但毕竟身处绿树青草红砖碧瓦之中，审美细胞依然蠢蠢欲动。部队来的教官更不用说。我在中文系门前草坪练习瞄准时，瞥见连长仰卧在我们身后，晒着9月的太阳，嚼着一根草叶，酸酸地说：“这些学生真他妈幸福！”

当然，有一天我知道了中大的原址并不在这里。这里原本是岭南大学，从前南方最著名的教会学校。都说"北有燕京，南有岭南"，起码从校园建设上看是不分伯仲，一时瑜亮。两所学校的校址都大有历史来头，燕京大学所在的燕园据说可以扯上和珅、米万钟，岭南大学校园名曰康乐园，更是渊源有自，是南朝诗宗谢灵运谢康乐的宅第——可惜这一掌故现在的中大人大都闻所未闻，广州人更是"唔知啦"，学生会有刊物《康乐之窗》，往往被人当作老年人杂志。

至于校园设计，两校都请的是美国设计师，又都采用了保存和沿袭中国古典园林风格的做法。有趣的是燕园歧路众多，回环折绕，曲径通幽，和北京城横平竖直的井字格风貌大相径庭；而康乐园两条中轴线贯通四方，历历分明，也迥异于广州九曲十八弯的街巷特色。也不知这是建筑师有意为之，抑或无心偶成？

自然，两所大学的命运也就不能不相似了。1952年前后，两校分别并入北京大学和中山大学，校名从此沉入历史，只有在海外的一些校友会，还会让人忆起往昔。

最后必须提到的是康乐园所处的方位。它是广州海珠区唯一的一所大学，周围只有广州教育学院、仲恺农业技术学院、广州商学院等寥寥几所院校。相隔一条珠江，天河区的石牌，才是真正的大学区，那里聚集着华南师范大学、华南理工大学、华南农业大学和暨南大学。这样的地理环境对中大人心态的塑造相当重要。

转过头来说中山大学。自从1924年建校以来，这所大学就被目为广东最好的大学，现在仍是广东省唯一的教育部直属全国重点高校。从学科设置、研究成果、学术地位各方面来说，广东高校中无能与之颉颃者。中大人是把"岭南高校之首"这块牌子看得很重的，学生参加省内的各种校际比赛，领队往往要求队员要表现出"王者之风"。在中大人的平日闲谈或笔下高论中，都很少提及其他广东高校，正如北大学生很少提及中国其他大学一样。明乎此，就不难理解中大的诗人为何会对暨南大学毕业的汪国真如此仇恨了——盖既鄙其俗，亦妒其名耳。

现在我们可以来看看"伪君子"这个称号的来由了。独特的地理环境和特出的学校地位塑造了中大人自足的心态。中大学生与外校的交流很少，即使是在谈恋爱方面——中大学生男女比例大约为二比一，不必他求，恐怕也有些不屑他求。

我猜想，"伪君子"中的"君子"大概指的是中山大学相对较重的传统大学色彩。"君子喻于义，小人喻于利"，中大既是重点大学，又是广东高校中招收外省学生最多，其校园氛围、价值取向都和其他广东高校不太一样，重商轻学固然也大行其道，痴迷学问者也不乏其徒。俗话说："林子大了，什么鸟都有。"中大得益于其相对的"大"，各种风气互相融汇，学生的眼界自然较为宽广，也往往不像许多广东人那样拙于口才。"君子动口，小人动手"，也是一种揶揄。

至于"伪",泰半是指中大人同样无法摆脱"南方以南"的功利氛围。中大人实在并不比其他学校的学子更高雅,商照样经,工照样打,去到单位照样人情练达,世事洞明。不过胜在嘴上一套套的,有理论有实践,闲时还喜欢谈谈文学艺术、思想主义。这在弃虚务实的老广看来,委实有些"扮嘢"(装模作样),这就"伪"了。

我在这样的大学里混了四年,当然不会出淤泥而不染。比如我这篇文字明明是想说说中大和我的因缘,却先东拉西扯啰唆了一大通。这说明我经过四年的熏陶,早已变成了一个"伪君子"。

中大在广州

我曾经用一个比喻来描述我大学四年的生活:"大一如演讲稿,慷慨激昂;大二如小诗,缠绵悱恻;大三如小说,跌宕起伏;大四则如公文,平平淡淡。"现下想起来,大一满足了我的虚荣,大二给予了我爱情的体验,大三教会了我处世的方式,而大四,才真正确定了我的志向。

回头想想,当当干部,组组社团,喝喝酒,写写诗,谈谈恋爱,这样一些事,怕是每个大学每时每刻都在发生,每个大学生或多或少都会经历的吧。不同的大学只不过是为这些事件提供不同的场所而已。而时至今日,我对自己的精神状态，及对社会对人生的眼光，尚觉满意，这是不能不感谢中大的。

前面说过，中大存在着两种不分轩轾的价值取向。一方面，中大在南方重商的氛围浸染下不可能独善其身，中大教师在外兼职者不在少数，收入亦相当可观；学生也相当放得开手脚，我入校不久就听说一帮师兄联袂去湖南炒股，五六日不眠不休，赚了好几十万。1994年传销风一起，中大立即出现了无数上线下线，连校学生会主席都热情参与，卖的是一万七一张的床褥。曾经有人说我认识人多，路子广，愿意借钱让我参加，我想了想还是敬谢不敏。风气之盛，手笔之大，可见一斑。

然而中大有它的另一面。安贫乐道，立志问学者，亦复有人。1927年鲁迅赴中大出任国文系主任兼教务长，他给许广平的信里，说及理想之一是希望"中山大学的文科能办得像样点"。如今的中大文科，虽然内部开玩笑说是"花果飘零"，但仍然有许多人在坚持着这一条道路，要努力将中大的文科办得像样点。哲学系的中国文化论坛、马应彪科学哲学论坛，我是常常去的。下午2点，挣扎着从床上爬起来，揉着惺忪的双眼，离开还在酣睡的寝室，骑车到那时还在怀士堂侧的哲学系小楼。然后，整个下午便是听教授、副教授、博士硕士们在那里阐述、问难、辩驳、争讼，其乐陶陶。某副教授，最喜诘问主讲人，而且剑剑封喉，外号"剃刀"，但每逢辩论进入白热化不可开交，他往往用一句格言来了断，比如"你可以这样看世界，我也可以那样看世界"，还有"理论是灰色的，而生命之树常青"。大家哈哈一笑，辩论便不了了之。

哲学系两个论坛，每期都设一名主讲人。主持论坛的冯达文教授和张华夏教授，千方百计从校外聘请学者主讲，以广交流，记忆中来讲的有李泽厚、陈鼓应、刘小枫、朱学勤、徐友渔、万俊人诸君。中大僻处南方，这样的机会是很难得的，来听的人却往往不多，本科生尤少。那时，我是一个狂热的哲学爱好者，不免想：中大学生真不知珍惜！

其实中大人并非如想象中的不好学，1994年后举办的每周一次"中外优秀文化讲座"就常常爆满。我去听了几次，却不大满意，因为许多教授不知道该对这些外系学生讲些什么，很难把握"普及和提高"之间的界限，再加上南方口音和差劲的扩音设备，叫人昏昏欲睡的可能性很大。然而我还是喜欢这个讲座，起码提供了一个教师和学生见面的机会。因为中大"师不知生，生不知师"的情况十分严重，我曾经做过一个调查：随便找一些学生，请他们说出三名外系教师的名字（校长、党委书记及教过本人课的除外），再询问他们大学四年里去拜访过哪些老师（班主任、辅导员、论文导师、党总支委员除外），答案果然令人失望。

我觉得我是在两种力量的拉扯中成长的。刚进校时我和大多数人一样，把大学看作进入社会的预备班，目标是"努力掌握技能"，目光时时瞄着外面的世界。能认识许多杰出的师长，面受他们的教诲，亲炙他们的学问，是我最大的幸运。他们的言行，给了我"爱智"的方向和动力，让我粗识"大学"一词的真正含义。

我曾和我的下铺讨论过一个问题：赚一百万，出一本书，哪个价值更大？如何判定？结果自然是没有结果。现在我不再问这样的问题了，每个人有自己的选择，让它们共存，让它们互相尊重，"须知参差多态，正是幸福的本源"。

我只是坚持认为，在大学里，就应该有大学特立的存在方式，应该有与在社会生活中不同的追求、行为和思想。

这种想法，是中大给予我的，是我在中大经过怀疑、动摇、迷惘、自嘲后得出的结论。余秋雨讲"城市的文化灵魂"，他认为广州的文化灵魂前有陈寅恪，后有王季思。这两位前辈学人，都是中大人引以为荣的资本，但对于一名20世纪90年代的本科生而言，他们实在只是一种象征、一些遥远的回响。真正影响一个人思想的，是他在中大的切身体验。虽然我们对中大曾有这样那样的不满（现在仍有），对中大的校园文化曾有过激烈的批判，但是，中大因其价值的多元，为一群青年人提供了各种发展的可能，让他们在各式观念撞击下，自由地选择心灵流泻的方向。中大是可赞美的。

四年读毕，我进入羊城晚报社工作。忽忽又三年，负笈北上二度求学，从此离开了广州。

按说在广州待的时间不短，但你让我写一篇广州的读后感，仍然很难。我在这里学会了粤语，饱受港式文化的影响。这里的风气很实在，在广州时，总觉得精神生活不免匮乏，总想着与平庸作战；离开广州，又常常感念它的实在，人家是揾英雄泪，广州人总是先要揾食。而广州又是包容的，你要揾英雄泪，也由你。

离开了这些年，每到冬日，每到新年，格外地怀念广州，怀念那通宵的花街、不夜的大排档，一家家不歇气排排开着的小店，茶餐厅、碟头饭、烧腊档，楼下士多（小店铺）的老板，随时给你炒一盘田螺。

鲁迅说，对于广州，"要专一倾注在素馨和香蕉上"，这是对的。我爱广州，即在于它的包容与填充。想追求思想的开放、精神的磨砺，这里有它的天地。若是踩空了沦陷了索漠了，自有无处不在的世俗生活填满那些空虚与荒唐。"深绿和深红"，像冬日遍地的繁花，到处是勃勃的生机。

州戏与契弟：跟鲁迅金庸学粤语

跟大多数的"70后"青年一样，我最初接触粤语，全赖1983年《大侠霍元甲》的引进，大家每天追着听"分碎巴您"（昏睡百年）——

等等，不对啊，我1982年春节就去过广州了呀，是跟在华南师范学院读硕士的爸爸团聚。不过只记得去食堂买早点那俩词儿了：酥皮，就是现在的菠萝包，上面刷一层糖；茶包，就是不刷糖的。

那么，我就没有在别处接触过粤语吗？因为没有书看，我抱着家里那几本跟我同岁的人文社白皮本鲁迅杂文集看。里面常常有些奇奇怪怪的段落，比如《三闲集》的《在钟楼上（夜记之二）》：

> 白天来访的本省的青年，却大抵怀着非常的好意的。有几个热心于改革的，还希望我对于广州的缺点加以激烈的攻击。这热诚很使我感动，但我终于说是还未

熟悉本地的情形，而且已经革命，觉得无甚可以攻击之处，轻轻地推却了。那当然要使他们很失望的，过了几天，尸一君就在《新时代》上说："……我们中几个很不以他这句话为然，我们以为我们还有许多可骂的地方，我们正想骂骂自己，难道鲁迅先生竟看不出我们的缺点么？……"

其实呢，我的话一半是真的。我何尝不想了解广州，批评广州呢，无奈概自被供在大钟楼上以来，工友以我为教授，学生以我为先生，广州人以我为"外江佬"，孤孑特立，无从考查。而最大的阻碍则是言语。直到我离开广州的时候止，我所知道的言语，除一二三四……等数目外，只有一句凡有"外江佬"几乎无不因为特别而记住的Hanbaran（统统）和一句凡有学习异地言语者几乎无不最容易学得而记住的骂人话Tiu-na-ma而已。

这两句有时也有用。那是我已经搬在白云路寓屋里的时候了，有一天，巡警捉住了一个窃取电灯的偷儿，那管屋的陈公便跟着一面骂，一面打。骂了一大套，而我从中只听懂了这两句。然而似乎已经全懂得，心里想："他所说的，大约是因为屋外的电灯几乎Hanbaran被他偷去，所以要Tiu-na-ma了。"于是就仿佛解决了一件大问题似的，即刻安心归坐，自去再编我的《唐宋传奇集》。

鲁迅提到两个词，Hanbaran 和 Tiu-na-ma。先说说 Hanbaran，应该写作"冚唪唥"，就是统统、全部的意思，但是外江佬谁会写这仨字呢？

也是1982年，我第一次读到金庸小说，也是他创作的第一部武侠小说《书剑恩仇录》。里面有一个广东人蒋四根，很少说话，只有一处说了一句我看不懂的话：

> 曹能坐在筏子上，见岸上来了敌人，正自打不定主意，一听艄公长啸，吓得脸如土色。那艄公把桨一板，停住了筏子，喝道："一班契弟，你老母，哼八郎落水去。"曹能哪里懂得他的广东话，睁大了眼发愣，只听得那边筏子上一个清脆的声音叫道："十三弟，动手吧！"这边筏子上的艄公叫道："啱晒！"

"契弟"表面字意是干弟弟，但在粤语里很恶毒，意思是男妓或者男同性恋。还有一个同义词是"屎忽鬼"，屎忽是屁股。《功夫》里包租婆一骂屎忽鬼，"驰形"（娘娘腔）的裁缝就掩面而逃。

"啱晒"用在这里也不合适，人家叫你动手，你说"合适"或者"正确"？还不如说句"死佢"。

金庸把Hanbaran写成"哼八郎"，简直好笑。金庸的粤语一直很烂，在1955年《书剑恩仇录》初次连载时，他让蒋四根说的是："你们一班契弟，哼八郎畀我落水去。多用了个"畀"字，以为更广东。其实用错了，是"给我下水去"的粤语直译，这里应该用"同我落水去"。估计后来有人指正，或是金庸自己进阶了，就改了。

现在要来说说 Tiu-na-ma。

所谓 Tiu-na-ma，丢那妈，这词跟"丫挺的"一样，也是省了尾词。骂全了更难听，如"丢你老母个臭戏"。

鲁迅介绍完 Tiu-na-ma，继续议论道：

> 但虽只这两句，我却发见了吾师太炎先生的错处了。记得先生在日本给我们讲文字学时，曾说《山海经》上"其州在尾上"的"州"是女性生殖器。这古语至今还留存在广东，读若 Tiu。故 Tiuhei 二字，当写作"州戏"，名词在前，动词在后的。我不记得他后来可曾将此说记在《新方言》里，但由今观之，则"州"乃动词，非名词也。

以我后来的语言体验，章太炎先生当然有误，鲁迅先生也未必全对。"州"其实就是以前只敢写作"鸟"，现在却公然写出来的"屌"，一般是名词，周杰伦经常当形容词用（很屌哦），而在粤语里用作动词，大多时候写成"丢"。甲A时代，广东宏远在白云山主场，满场都是"丢裁判"，外省人还以为裁判走丢了。

再说"戏"，粤语发成"嗨"。就像"操"会转音成

"靠"，属于粗话的一种隐晦用法，"丢"也经常转成（尤其女生说）"妖"或"超"，同样，"戏"也会转音为"西"。周星驰电影《唐伯虎点秋香》里，唐伯虎的母亲叫"朱茜"，谐音"猪西"，用的就是这个梗。

佛跳墙，鬼咁香：跟许冠杰学粤语

但是我到了佛山之后，怎么学会粤语的呢？

高一有位同学，大家叫他阿水。阿水跟我讲，要学粤语，最重要的是听粤语歌。他说，即使是香港歌手，很多人也是带口音的，比如刘嘉玲有苏州口音，郑秀文有潮州口音，但唱歌就得是纯正的粤语（广府话），所以即使香港歌手唱粤语歌，很多也需要"正音师"，帮他们校正一些容易错的音节。

我觉得大有道理，买不起新磁带，就回家搜罗旧录音带，把父亲翻录的那些，不管是邓丽君、贝多芬还是克莱德曼，七八盒交给热心的阿水。他帮我翻录了一堆当时香港的"劲歌金曲"，细心地用铅笔在磁带空白封面上抄上歌名与歌手名，有的歌还帮我抄一份歌词，像《情义两心知》《烟雨凄迷》。阿水的字太过娟秀，父亲有次见到，还以为是哪个女同学给我写的情书（要是那样该多好）。

粤语流行歌词里不只有方言，还有文化。这一点我是真有体会，通过那些劲歌金曲，不只开始了我的粤语进阶，也促成了我对香港/广东文化的深入了解。

这里打算注解一首香港歌的歌词——因为香港粤语的特色，跟广东人讲的粤语又不同，五方杂处，南北一家，又有鬼佬甲妹，凑成一种"杂种话"。歌名叫《日本娃娃》，创作者、演唱者都是许冠杰。

许冠杰是我最喜欢的香港歌手。黄霑曾夸阿Sam是当代关汉卿，我认为很有道理。只有许冠杰的歌词，才能体现出香港话的独特之处：融合八方，拿来主义，东西文化混杂无间。就像许冠杰翻唱猫王的名曲 *Don't Be Cruel* 成《佛跳墙》一样，融化得了无痕迹，也是一绝。

选择注疏《日本娃娃》（1985）的歌词，是因为我认为这首歌词特别能够代表香港话乃至香港文化既包罗万象又坚守乡土的文化特色，一如香港将可乐称为"鬼佬凉茶"，感冒的话用姜丝煲着喝，真的挺有效。

寻晚响东急碰正个日本娃娃

【注】寻晚：昨晚。

响：在。

东急：指日本著名的东急百货店，当然这里指的是香港的东急百货。从20世纪60年代起，大量日本知名百货店进驻香港，也在香港的地名文化、流行歌曲中留下痕迹，如"大丸百货"（Twins《下一站天后》："站在大丸前……"）、"八佰伴"（艾敬《我的1997》："1997快些到吧，八佰伴究竟怎么样？"），不过，21世纪初，随着零售业的衰落，日资百货在港全线撤退。

对眼特别大　仲有尖尖既下巴
有啲似中森明菜唔系讲假
趣怪又特别　直头日本化

【注】这一段可以看出港人对典型"甲妹"，就是日本少女的想象。眼睛特别大，下巴尖，古怪有趣，日本化其实就是漫画化。

中森明菜（Nakamori Akina）：1982年出道的日本女歌手，1985年成为第一位以流行歌曲获得日本唱片大奖的艺人，风头一时无两。

求爱敢死队我属御三家
最注重浪漫　又够风骚够肉麻
戴起副紫色太阳镜人就潇洒
百五磅魅力实行大轰炸

【注】御三家：出自江户时代的名词，原指当时德川本家

之外，拥有征夷大将军继承权的尾张德川家、纪州德川家、水户德川家三支分家（德川御三家）。至后世指代同一领域内公认的"三大"。

百五磅：一百五十磅约等干六十八公斤，意思是身材很标准。

Hello Kan Ban Wa

小姐你好吗

Watashi Wa Hong Kong No Matchy Desu

Anata Wa Totemo Kawai

实行用甲文跟佢Friend下

【注】Kan Ban Wa：こんばんは，晚安。

Watashi Wa Hong Kong No Matchy Desu：私は香港のMATCHYで。我是香港近藤真彦。阅读理解的话，这句话里的Matchy是难点。它是日本歌手近藤真彦的别号，近藤的精选集叫作*MATCHY* ★ *BEST*。

Anata Wa Totemo Kawai：あなたはとてもかわいい。你真是十分可爱。

甲文：日文。香港把日文叫甲文，日本妹子叫甲妹，估计是来自"平假名""片假名"。

佢：他。这个字是古音，古书中写作"渠"，到处可见。

【疏】为啥主人公要说自己是"香港近藤真彦"？因为前面说日本娃娃长得像中森明菜，而1985年的中森明菜与近藤真彦正是日本歌坛的金童玉女，好似台湾的齐秦、王祖贤。当然结局也不好，1989年中森明菜因为恋爱问题自杀未遂，震动一时。近藤真彦与松田圣子、梅艳芳的情史，有兴趣的朋友请自行搜索，还可以听一下近藤原唱、梅姑翻唱的《夕阳之歌》。

同佢去 Happy 跳上架 Toyota
去晚饭直落共舞于 Casablanca
趁高兴飞身上台唱 *Careless Whisper*
再散步月下连随幻想下

【注】Toyota 不用解释了吧。"车到山前必有路，有路必有丰田车"，是 20 世纪 80 年代最响亮的广告之一。

Casablanca：卡萨布兰卡，既是非洲地名，也是电影名，即《北非谍影》。当然，还是一支著名的流行曲名，由贝蒂·希金斯填词、谱曲、演唱，1984 年发行。

Careless Whisper：英国组合威猛乐队（Wham）

的一首歌曲，由乔治·迈克尔演唱，收录在乐队第二张录音室专辑 *Make It Big* 中，1984 年发行。这首歌拿下了全球二十四个国家的单曲榜冠军，全球销量超过了六百万张。粤语翻唱版是蔡国权的《无心快语》。

娶咗娃娃即刻就变晒身价
洗衫煲汤 Dum 骨捻背脊递茶
1997，哼，个阵冇有使怕
实行住原宿开间 Sushi Bar

【注】洗衫煲汤 Dum 骨捻背脊递茶，充分反映了港人对日式婚姻生活的想象。这些行为就像《男子汉宣言》一样，不断宣示已婚主妇的责任：洗衣服，做饭，捶背，按摩，端茶倒水，自然还包括香港家庭熟悉的"校水冲凉"（放热水侍候洗澡）。

个阵：那时。

冇有使怕：不用怕。粤语的正规说法是"唔使惊"，参见许冠杰、张国荣《我未惊过》。冇有使怕，是粤西、桂东一带的说法，用在这里有点像相声里的"怯口"，或是周杰伦在《双截棍》里突然冒一句客家话"做么该"。

原宿：东京涩谷区地名，是日本著名的"年轻人之街"，时尚生态圈。

Sushi Bar：寿司吧。

【疏】如果要写篇论文的话，这一段是题眼。整首歌充满了时尚文化的堆砌，而对1997年的未知也是当时香港人的一种共同心态。许冠杰1990年有歌曲《同舟共济》，呼吁"实在极不愿移民外国做二等公民"，1992年有歌曲《话知你97》，强调"香港适应力强未吓窒"，仍然期待"繁荣盛世"。至于希望通过跨国婚姻改变命运，让人想起《海角七号》里的"留下来，或者我跟你走"。香港人当然没有对日本的被殖民情结，但日本也是港人尤其是女性的购物天堂及疗伤胜地。

同佢去宵夜我叫Tempura
佢叫立立杂杂刺身鬼咁豪华
唔找数三千零八成份身家
佢笑住仲话
Arigato Gozaimashita

【注】Tempura：天妇罗。日式炸蔬菜。相比刺身，当然是廉价的。毛姆有篇小说，请贵妇吃饭，对方点鲑鱼和芦笋，主人公只敢点最便宜的羊排，就是

这种场景。

立立杂杂：各式各样。

咁：那么。

找数：埋单，结账。

成份身家：倾家荡产。粤语的这种表达要灵动
得多。

笑住仲话：还笑着说。

Arigato Gozaimashita：ありがとうございました，
非常感谢。

陪佢返Lobby企正个日本爸爸

佢眼茂骨骨，大喝声Nan Desu Ka

阿女今年唔够16 And A Half

佢剑道十段话同我炼下

【注】Lobby：酒店大堂。

眼茂骨骨：双眼圆睁。

Nan Desu Ka：なんですか，怎么回事？

16 And A Half：16岁半。这里我没搞懂，16岁半
是未成年，但当时的日本婚姻法不是规定女性16
岁可以结婚吗，最近才上调到18岁⋯⋯

同我炼下：跟我练练。

Sayonara 忍着泪说 Goodbye 啦

Thanks Thanks Thanks Thanks Monica

摸摸个袋哎使剩八个几咋

蚀埋份粮添呢次衰咗啦

【注】Sayonara：さよなら，再见。听说是恒武天皇从奈良（Nara）迁往京都时的告别语。参见徐志摩《沙扬娜拉》。

Thanks Thanks Thanks Thanks Monica：张国荣1984年发行的热门金曲 Monica，后来入选"20世纪百年十大金曲奖"。

使：用。

八个：粤语说一元钱，以前是说"文"，一元钱是"一文鸡"，黄子华主演过《一蚊鸡保镖》。后来也说"个"，八个，就是八元。

蚀：亏。粤语很忌讳这个字眼，比如猪舌，因为"舌""蚀"同音，所以要改称"猪脷"。

粮：薪水，代指工资。

呢次，这次。

总的来说，《日本娃娃》用三百余字，就讲好了一个曲折波俏的假艳遇真单恋的故事，而且里面流行元素满盈，通过挪用与戏仿的方式来完成极简的叙事。只有香港这种华洋杂处又快节奏的都市文化，才有可能诞生这样的歌曲。

词虽小道，可以知世。

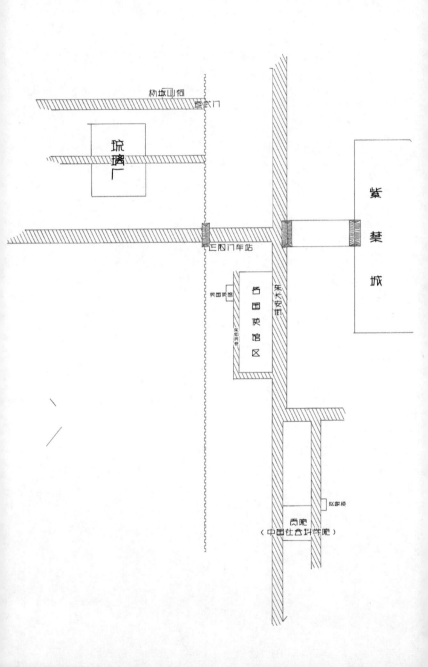

北 京

1998—2005年

我在北京大学念书。

2005年参加工作至今。

北京的城市性格

谁的北京？

虽然我在北京已经住了廿四年，它是我一辈子住得时间最长的地方，但"我爱北京"这四个字真的有点说不出口。为什么我对北京爱不起来？

大学时的暑假，许多同学都去北京旅游。我信了父亲的话：北京没必要现在去，那是你将来想不去都不行的地方。所以我拿着奖学金去了九寨沟、西安、敦煌、吐鲁番。

头一次到北京，是1994年参加北京电视台举办的"长虹杯"全国高校辩论赛。那时北京电视台还在魏公村，我们住在青年政治学院，每天步行经过外文大厦去BTV，走的路是还没有通车的三环。那时一号线还没全线通车，西段只到西单，地铁票一毛一张，公用电话也是一毛一次。

比赛后我去了北大。大概是在塞万提斯的铜像下面，我萌发了来北京读研的念头。实现这个想法，已经是四年后，北大百年校庆刚刚过去。

然而住在北京这廿四年，前七年在西四环中关村，后十七年在东五环外豆各庄，八通线上常常听人说"今儿进京的人真多"，大概我也不过是时常"进京"的一员。因此我看北京，总是有很强的疏离感，更近于历史而非现实。

北京与上海不同，晚清以降，北京从未像上海那样作为一个国际化的商埠存在，工商业者和城市平民的生活也从未成为媒体关注的焦点。过长的政治化历史严重地遮蔽和剥离了北京作为都市的存在，它的主要身份是高度政治化和符号化的"首都"。

美国历史学家施坚雅认为，19世纪晚期北京的中心地位不是来自人口众多和工商业发达，而仅仅是一个行政权力集中的首都。因此，主要由外来知识分子构成的北京中上层社会的群体认同，与其说是针对具体的城市"北京"，倒不如说是指向"首都"这个巨大的符号。顾颉刚于1925年"发现"了北京市郊的妙峰山香会后，不禁感慨道："我们所知道的国民的生活只有两种：一种是作官的，一种是作师的。此外满不知道（至多只有加上两种为了娱乐而联带知道的优伶和娼妓的生活）。"

北京的这种特性，一旦剥离掉"首都"符号，便可见得分明。1928年，国民政府定都南京，北京改名北平，列为中央直辖的"特别市"，数年后再降为普通市，隶属河北省。于是名宦巨贾，十室九空，房价大跌，市面萧条。北平是没有工业的，迁都后剩留的商业，主要是围绕着大学、文化机构的种种，俗称"吃学生饭"。

从这个意义上说，北京不是一个城市，是两个城市，它是一个叫"北京"的城市，上面叠加了一个首都。而首都本身就像一座"浮城"（如果今后分成中央政务区和以通州为中心的北京，这一点会变得更清晰），它悬浮在北京市民生活之上，消费着"首都"的种种，如政治权威、文化发达、金融便利等。近百年过去了，我在北京也住了廿多年，但感受仍与顾颉刚先生差不太多：有同学朋友在各部委的，大致知道"作官的生活"是怎样，"作师的生活"不必说，日日在其中打熬。

变化不是没有，至少应加上"作白领的生活"。而北京市民的构成，与当年比也大相径庭矣。民国、共和国，两次大移民入京；近二十年来，地铁与9字头公交上，坐满了背井离乡的外省青年。

因此，所谓"老北京"，只是一些怀旧与炫示的文化符号，胡同、四合院、鸽哨、爆肚、豆汁、空竹、风车……这些已不属于当下的生活方式，更像是对传说中的老北京的一种戏仿。

"北京"已成为一个暧昧而多义的词语。莫言说，他在北京待了那么多年，他的北京印象就是他家周围两公里的地方。贾樟柯也说过，北京之于他的印象就是"东三环"。总的来说，你在北京住在一个地方，你对北京的其他部分，不会产生出太多的认同感。对于在海淀读书的我，北京除了中关村学院路，尚有何物？对于一位白领，北京除了CBD、西单外尚有何物？对于一个北漂，五环之外才是更真实的北京。

每一个大城市都有众多的面相，却没有哪个像北京这样多元而分裂。纽约是多元的，但有多少北京常住居民会乐意在T恤上标明"I LOVE BEIJING"？2001年，北京市民曾投票选出他们心目中的"北京新地标"，毫无意外，国家体育场、国家歌剧院、央视新大楼均赫然在列，而有多少人是被外地亲友拖着拽着才初度见识了这些建筑的真面目？

想想我们自己，在这个地方待着，是图什么呢？你可以想想，哪些你在乎的东西是首都的，哪些在乎的东西是北京的？假如有朝一日迁都了，你还会留在北京吗？问问自己这些问题，或许就能分清楚，到底你为什么选择了北京。

同时，北京城不是自然生长的城市，它的发源是兵营与堡垒，所以卫生条件、城市功能布局，还有历史发展、经济环境都先天不足。如果去掉"首都"这一层光环，北京还是一个吸引人的城市吗？它能胜过多少中国其他城市？

士农工商

从清末到新世纪，一百年光阴，万象幻灭重生，有些东西却寿于金石，不易湮灭。城市性格亦复如此，虽然人事已非，性格却总有或显或隐的传承。

描述城市性格，有多种进路，以我之见，最有效的还是"身份"。身份之中，有客观的限定，也有主观的认同。户口之有无，职业之分工，是显性的认定；归属感之有无，参与性之多寡，则是隐秘的情绪。前者大浪淘沙，与时俱变，后者如平坦的河床，默默累积亦默默存续，却范围着整条大河的流向。

不妨依古法，分北京之民为士、农、工、商四类，分述其性格。

士

"士"列四民之首，在古时或为官本位的等级使然。如今则表现为知识者与媒体合谋，时常有"小众引领风潮"之举，以话语权及关注力而言，仍大部分掌握在这些人手中。

1949年之前，大部分"士"只是这座城市的过客，首都于他们只是"寓所"而非"住所"，住所留在故里，寓所则是短时之需。京中不乏三世以上的住户，仍恋恋于故里的情形，如清末《京话日报》主人彭翼仲，三世在京，房产亦夥，本人操着一口京片子，信函文字却每每署名"长洲彭诒孙"（诒孙是名，长洲是苏州属县），他们的地域认同绝不在畿辅之地。

总之，"士"与北京，精神上是疏离的，此地生活水平较高，气候不佳，区域过大，实在不是宜居之处。迫于个人发展的需要，不免以盛壮之年，孜孜于是。现代的"士"，因乡镇士绅社会的崩坏，已无退所，多半只好与此城相始终，但内心每怀乡愁，与"首都"符号下的"北京"格格不入，或自我构筑群落，制定内部通约规则，或离群索居，仅以单位为取食之地。

农

北京不断外扩，旧日郊村尽入版图，但北京城市化程度若何？民国文人称北京为"都市里的村庄"，因为民间社会的行事规则，完全还是按照村镇里的熟人社会方式。熟人社会之内，按人情伦理办事；熟人社会之外，则损人利己不为恶举。里面没有现代商业伦理的空间，故而也谈不上服务意识。外来人氏辄曰"北京人个个是爷"，实则中国乡土社会，无不欺生，借此产生凝聚力与自豪感。

20世纪之前，北京的管理分内城外城，内城归步军统领管辖，外城由巡城御史治理，主司缉拿偷盗、排解纷争，兼及风化民俗。这与不算干部的村长所司，也差得不远。民众生活的垃圾便溺，当然不会堆在自家院里屋里，往道旁一倒，就算完了。京城大道，中有甬路，比街面高四五尺，"通通是土，且因为多年的腐败物质，都在土中，所以都是黑色，其脏无比，偶溅到衣服上一点，是永远不能去掉的"。

下大雨的时候，街边简直就是个泥潭，老舍笔下的龙须沟，就是这么形成的，常有狗马羊鸡甚至小孩掉进泥沟里送命的事。皇皇帝都五百余年，就是这么过来的。这种卫生自治的情形，跟农村也委实差不多。

四合院如今被称为"生态民居"，实则自农村原样移植，但这种移植是否科学，大可存疑。齐如山说当年有句话，叫"夏天不进京"，北京外城有一道城墙，已经窝风，城里还有皇城、禁城两道城墙，都比房屋要高，那还不热？四合院里，除了北屋住着舒服，东、西、南三面都有缺陷。张恨水听老北京俗语说"有钱不住东南房，冬不暖来夏不凉"，所以四合院本身象征着科层社会的秩序，主人主妇住北屋，亲戚客人住南屋，西屋一般住用人，东屋做厨房，有时也住下人，等级分明。老百姓如将自住屋匀出来租住给官吏、学生等"上等人"，一定是让租客住北屋，自己在东西厢委屈委屈。

托首都的福，北京"吃瓦片儿的"成为一大行业，老住户多多少少有几间房，常常单靠出租就能过上小康日子。这也可以解释北京人为什么多有"爷"的脾气，因为他们不需要辛苦求职，干好干坏不过是一种补充。北京的出租房在国内都市中不算价格顶高，但性价比一定是最差的，房东往往什么都不管，家具大都烂糟糟，连装修都要租客自理的也不少。论及服务的产业化规模化，北京也是大城市里最差的，连锁超市大而无当，小型零售店少且差，乡镇式的早市倒是遍地开花。

北京的社会生活方式，基本上可以视为乡土社会的孑遗。

工

北京自来没什么工业，有的只是一些小工艺，如锡器、铜器、缝纫、裱褙之类。20世纪80年代以来说得出来的首创，大概只有中关村。这个号称"中国硅谷"的高科技区域发展到21世纪初，看上去还是一个超级攒机工场，因此苹果公司的中国首家体验店不放在这里而设在三里屯。中关村给人的感觉是货品齐全，但创意欠奉，既无法提供高档的科技消费体验，也比不上深圳华强北的眼花缭乱，无奇不有。

这让人想到北京的工艺。北京的工艺，也是托赖五百年帝都，招致了天下的能工巧匠，讲雍容，论精巧，无不执全国之牛耳。不过，北京工艺以老字号祖传手艺相标榜，其好处在不走样不离谱，其坏处亦在无革新无创制。自明以来，北京是世界上格局最方正、街道最平直的城市，但凡有条斜街，一定要在街名上标明，如烟袋斜街、樱桃斜街。这当然是因了北京不是依山傍河而建，而是人工设计以成的"八臂哪吒城"。这种建筑格局，投射在居民心理上，一定是严谨整饬而不尚变通。

规矩多，人必得压抑自己，好面子，肯耗财买脸。可要是耗不起财，提不足劲，又当如何？这就逼出了北京人的两件脾气，一是"京油子"，甭管多重的话，他能绕着把它化解喽，或是绕着弯子骂人，表面上还是恭维你，你要不知道他本意，可得猜上老半天；另一件是"说大话，使小钱"，《正红旗下》写旗人好面子又穷，种种行径，让人好气又好笑。

商

北京人一向以街道平直宽阔自傲，齐如山回忆，清末民初，北京的大街便"可以并行十辆汽车"，但这不是合理的城市格局，因为不利于商业。

自清末入民国，北京的大街一直在缩减之中，而且越是商业发达地区，如东四、西单，大街的窄化速度越快，谁为之者？商家花钱与地方官串通所致。齐如山感慨："从前的地下泄水沟，都在大街两边，现在有许多地方，都在各商号柜台之内去了。像朝阳门、阜成门等处，有几段大街还相当宽……这就是因为各该属商业永未发达的关系。"

老北京解决这种矛盾，是将"胡同"与"大街"截然分开。你想，妇女小孩子，不让他们上大街，那么生意买卖不在大栅栏的铺子里，就在东安市场、隆福寺里，大街宽点窄点，有什么打紧？

老北京的商家，出了名的和气生财、童叟无欺。北京商家的商业模式，是建立在人际关系稠密而多次博弈的基础上的。入民国后，旗人生活困苦异常，其中有个原因，是许多旗人在清朝时靠赊账度日，他的抵押品是皇家定时发给的"铁杆儿庄稼"，一旦朝廷倒闭，旗人也就失去了抵押品，又素无谋生的技能，多仁义的商家也不能拿钱打水漂玩儿。

老北京商业的一个好处，是不贪多好强，比如"大酒缸"，卖酒不卖菜，宁愿把生意让给隔壁饭馆；二荤铺，总是老老实实卖面食；东来顺已经做到三层楼那么大，还是除了炮羊肉、涮羊肉，别的一概没有。在北京，限于步行可及的九城内，商铺们各安其分，各擅胜场，无形中构成了行业规范与分众消费，它的竞争是通过年资门槛实现的。那时的外国人、外地人，都承认北京住着"舒服"，因为不用动脑筋，一切都是现成的，甚或做学问也以此处为佳，因为不仅往来商户固定，而且四季分明，何时该穿什么、该吃什么，都有定规，完全不用操心。比如说服装时尚，一定是上海的妓女先兴起来，很快传染本地的摩登仕女，一年后传到北京的妓女身上，再两三年，传到北京城富贵人家的姨太太身上。至于大家闺秀、正室太太，永远不理会潮流，出门身上的衣服总得带着樟脑味儿才好，有香水味就会被人说是姨太太。这是北京守旧的一面，但守旧本分未尝不是好事。

概言之，北京的城市性格，是"大而正"，唯其大，可以兼容并包，对它不满的人也可以自筑天地，日复一日地过下去；唯其正，有着农村式的内向与固执，外国的、南方的、时尚的、新潮的，思想也好，器物也罢，很难动摇这座城市的根本。它已立在华北平原的幽州故地八百余年，还将继续屹立下去，直到水涸地陷、风沙掩埋的那一天。

重走五四路

1999年3月10日，陈平原老师带领几名研究生，重新踏寻1919年5月4日学生游行的路线。用平原师的话，年年纪念"五四"，却早没有了"五四"的具体印象，只剩下口号和旗帜，要让年轻人真正理解"五四"，必须寻找一种"回到现场"的较为真切的历史感受。

天气多云，与八十年前的5月4日相差仿佛，那天的风，或许没有今天这么大。但也不一定，冰心的回忆就说"刮着大风"，王统照的记忆中天安门前却是"一阵阵和风"，历史不肯明确告诉我们。"天气"是平原师非常关注的一个因素，对于户外游行来说，天气对于人群的心情、去向的决定，关系至大。

上午9点半，我们到达沙滩北大旧址，人手两张地图，一张《1919年的北京地图》，一张平原师标注的《五四运动学生游行路线图》，出发。自北河沿大街、南河沿大街南下，至东长安街向西，经天安门广场至东交民巷口，穿过东交民巷（这是当年学生不曾走过的，我们是想找一找他们没能去的日本使馆），折而北上，过东长安街（至此与游行路线重合），经东单、东四，入协和医院对面的外交部街（以前的石大人胡同），一径向东，穿过大羊宜宾胡同，至赵家楼小区，寻得"火烧赵家楼纪念碑"，结束。历时近五个小时。

每到一地，平原师必向我们讲论当日情形，指点旧址所在，务使我们有一种"现场感"，有时不惜"故弄狡狯"。在北河沿大街，他带着我们找北大三院（法学院）旧址，问了好几家住户，终于无功而返。后来平原师接受电视台采访时说，他早就知道三院旧址现已无存，再三访求只是想让学生有种面对历史的真实感。一位同学说，前面的门楼，像日本的风格，不知是不是日本使馆，平原师也说"不知"（真的不知？），问了院里住户，才肯定下来。中午吃饭，不知有意还是无心，选的饭馆正在比利时使馆旧址。

走了一趟，我印象最深的有两处：一是站在国家博物馆前，望向天安门金水桥是如此遥远，那里不管谁在演说，若无扩音设备（那时当然没有）是绝听不见的。于是，跟着喊口号，跟着冲向东交民巷，又跟着回头向北向东就是了。谁在决策，为何如此决策，哪里知道？群众运动，大抵如此。二是走向赵家楼时，太阳渐大，心情也渐渐烦躁，尤其在交通拥挤的地方。当年的街道，比现在小得多，三千学子，挤迫在这喧闹的东单牌楼，这窄窄的石大人胡同，半天走不动一步，再加上未能进入东交民巷的愤怒和屈辱，心绪如何，可想而知。这与赵家楼的一把火有没有关系？不知道。

　　回来后第二天，一位校园诗人见到我，大声夸奖："听说你们'重走五四路'？想不到平原师这样的年龄，还能带着学生搞这样的'行为艺术'，了不起！"我愕然良久，才明白他是误会了：北京大学南门到图书馆的那条水泥道，也叫"五四路"！

再访妙峰山

2002年5月18日，阴历四月初七，午后，阳光静静地洒落。娘娘庙下的庭院突然就没有了人，阒寂一如往日。施茶的老头擦着大铜壶和杯子，神色间若有所待。从他身后望过去，群山柔美地起伏在飞檐悬挂的风铃下，天空沉默而开朗。

粥棚里也是静悄悄的，两个小时前，这里还在那么热闹地抢粥抢馒头呢！那不，桌上的大盘里还剩着一丝咸菜。还是有山风的，粥棚前写着舍粥歌的大牌子还簇新，骄傲地迎接扑面而来的清风。

最早知道妙峰山是因为读丁西林，他写过一个剧本就叫《妙峰山》，北京一个大学教授在那里当了劫富济贫的山大王。这个真不真且不说，看剧本感觉妙峰山是个很热闹的所在，客商云集，各说各话。莫非这座山如同黄泥冈一般，是通商的必经要道？

后来看了一点民俗学的书，才知道1925年顾颉刚、容肇祖、孙伏园诸先生利用菲薄的五十元经费，对妙峰山做了三天民俗调查，也知道了《京报副刊》上的"妙峰山进香专号"。这次民俗调查活动，意义甚大。抛开民俗学上的开创意义不谈，它也可以说是文人趣味与民俗仪式的第一次正面遭逢。完全可以想象，多数来自南方的学者文人与北方民众的日常生活是怎样的隔膜，北京作为首都又是怎样将举国的兴趣吸附在政府的更迭、要人的行踪和大学的风潮上。在新华门、东交民巷、中央公园、沙滩之外的另一重世界，从来就没有出现在知识阶级的眼中和笔下。

我曾在平原师开设的"北京文化研究"课上作报告，谈到在北京存在一个由官吏、报人、学者组成的"文化浮城"，这个生活圈与北京市民的日常生活是基本脱节的。文化人和普通市民，就像生活在两座不同的城市之中。

只是，对妙峰山这样的对象进行民俗调查，是否就能扩大知识分子与民众生活的通约性？是否就能实现"到民间去"的理想？20世纪的实践给出的绝不是乐观的答案。把正在盛行的田野调查说成是"通过他者的凝视印证已定型的文化想象"未免过于刻薄，那么，我们去妙峰山的目的究竟何在？

妙峰山的风景真是不坏。顾颉刚说得好："北京的妙峰，确是京兆直隶一带风景最好的地方，那里有高峻的山岭，有茂密的杏花和松树，有湍急的浑河和潺湲的泉水。"到妙峰山，可以改变一些对华北地貌的印象。一路盘山而上，回望山下的涧沟村，远远地沉在谷底，依稀便是之前在黔东南侗山所见的景象。如果晚上从山上往下看，会觉得天在脚下，村中的灯火比天上的星辰还要明亮繁多，有一种既非人世又不似仙境的迷离恍惚感。

纪念佛诞的浴佛节是妙峰山香会的高潮。人渐渐多了起来，但都是零散的香客。"驻会"（他们自四月初一至十五一直常驻在山上）的负责人早早地把门前喷水打扫干净。一辆大卡车已经停在庭院中，满车的豆子、香椿、咸菜。大家都还没有"过早"，粥虽然还没熬开，馒头和豆子、咸菜却大可以互通有无。于是每个会里的人都有了两个大馒头和一碗结缘豆，看得我们咽唾沫。小孩子们抓了一把豆子，满地里疯跑。

当的一声锣响，一队人马拥入娘娘庙。上香、报名、请福，然后就表演。才子佳人脸上都很庄严，俩小孩古装配着普通的波鞋，倒是一直挂着笑。带头大哥半秃了顶，一脸权威和精明，手中旗一展，要停便停，要演便演。腰鼓和弥漫的香烟一起炸响，要让人间仙界诸神诸佛都能听见。

娘娘庙演一场，下面庭院里再演两三场 —— 实际上，在每个驻会前都要演一场，因为有佛龛和香案。山道上络绎不绝地上会，秧歌来了，狮子来了，五虎少林棍来了，旱船来了，唢呐会来了……场子里老有几个会在演，锣鼓一响，先是"对方"（行会和驻会的头儿各展三角会旗，对成一个方形），见礼，道"您虔诚"，再就是锣鼓喧天。后来的会在场边静静地排队，从他们脸上有时能猜出谁是老手，谁是初哥——年轻人常有焦灼的神情，不及老年人沉稳。一个老拳师耍了一套地堂刀，满地尘土飞扬，我突然莫名想起宫白羽的《太极杨舍命偷拳》，里面讲到地堂门，北方一大流派。

旱船是最热闹的。快看，几个老太太骑着驴斗美哩，快看快看，拉纤的大姑娘摔了个大马趴！轿子里的娘娘脸上的粉怕真有半斤！哈哈，那老婆儿扮的老头儿胡子都掉了。

开头的表演都是比较严肃的，人都紧绷着脸，架不住闹的人越来越多，喜庆的气氛越来越浓，干什么不乐呀？满场的看客，嚼着结缘豆，喝着大米粥，吃着大馒头，叫个好吧，给点掌声！又不是听瓦格纳，就别装斯文了。太阳越来越猛烈，汗珠吧嗒吧嗒往下掉，再加上满眼的大红大绿，耳里灌的锣声鼓声，多时不经的庙会记忆终于被唤醒。小时候端午节去看划龙舟抢鸭子，不顾命地狂奔，没头没脑地乱撞，不听大人叫也不管坡坎滚爬。对，就是这样，什么也别想，就接受最简单的视觉和听觉刺激好了。

据说同治年间，因为上妙峰山的有伤风败俗的行为，曾下了上谕，禁止开山。到了20世纪20年代，还有位关璞田先生就这个问题大发议论：

这山上烧香，是不是一宗善事呢？若说是善事，就该一心秉定，直去直来，不拘形式……就着大多数的香客看起来，准有一半儿的心，为烧香用的，就算虔诚。请看那女香客，洋绉绢子包头，满排绒球儿玻璃镜儿，身上霞缎花丝葛，特意露出花汗巾来，在车辕上一跨，东瞧西望，得意扬扬，从旁边一过，喷鼻儿的香。再看那男香客，真有为上山，多费点子板儿油玉容油的，特意打扮得风流标致，三五成群，摇头晃脑，说说笑笑。像这个样儿的，他准是一心无二为烧香去的吗……请问老娘娘，稀罕他这一点儿香火吗……怎么怪人家借口破除迷信呢？我可不是反对开山进香，是希望着维持风化呦。

这是以道学眼光看妙峰山香会。容肇祖在《妙峰山进香者的心理》里对此有一个依稀的回应，他认为香会于民众两种作用：（一）情感的发泄；（二）满意的安慰。他质问道："娱乐与安慰可以鄙弃么？宗教使我们人类安心满意，使我们发生乐观，不论所信仰者何，崇拜物也好，崇拜自然也好，崇拜一神也好，崇拜多神也好，都有这种的功效……我们可以由政治的势力，禁止妙峰的进香，捣毁妙峰的神像，不管他们处着的环境如何，风俗习惯如何，把他们的娱乐与安慰掠夺了去，行么？"

这个问题到现代已经不成问题，可是这种思维方式的论争并没有消亡。中国文化中有"大传统""小传统"之分，大传统即民间文化长时期处于被压抑状态，于是知识分子常常会依据话语优势，对民间话语进行想象性谴责。知识阶层对民间的轻视和贬低，正是出于对小传统价值准则的普适性的想象，极端的几乎要将这一准则推至天地万物。王小波写过，宋代有知识分子判断蟋蟀交尾时被蛤蟆吃掉是"奸近杀"，就是这种自大狂的表现。"五四"前后，中国知识分子对此有强烈的检讨，鲁迅著名的论断"伪士当去，迷信可存"就是这种新思维的反映。同样，鲁迅的死对头顾颉刚率先发起了"到民间去"的呼吁，妙峰山正好是这个口号的一个注脚。顾颉刚对着这种民俗势力大发感慨：

> 我们号称智识阶级的人真惭愧：好人只有空谈想象中的乐国，坏人便尽使阴谋来做出许多自私自利的事业。结果，我们看见的人不是奸险，便是高尚。奸险的人固然对于社会有损无益，就是高尚的人也和社会有什么关系呢。我们智识阶级的人实在太暮气了，我们的精神和体质实在太衰老了，如再不吸收多量的强壮的血液，我们民族的前途更不知要衰颓的成什么样子！强壮的血液在哪里？这并不难找，强壮的民族的文化是一种，自己民族中的下级社会的文化保存着一点人类的新鲜气象的是一种。

顾颉刚在1925年说的这番话，现在看来，也是基于对民间文化的美好想象。在看到自己群落的毛病时，寻找一个想象的完美他者作为希望，似乎是人类的普遍心理。顾颉刚诸先生对民间的向往和热爱，我站在四月的妙峰山上，实在无法真切地体验。民俗狂欢带来的愉悦，必得站在一边远远地欣赏，所谓"隔岸看花花正红"，真要进去——也进不去，而且很难说会有什么感受。那些办会的带头大哥，平日真的行善积德？那些欢快舞蹈的民众，日常是怎样的面目，难说得紧。知识分子能了解的生活，原本就只有这么一块，虽不必高视阔步，眼无余子，但反过来，民众也不了解知识分子的生活和追求呀，也不必妄自菲薄，强作解人。大家各自老老实实待着吧。老觉得自己能"理解民众""为民请命"，这不也是一种自视过高的表现吗？

说不定，只有将民间文化和民俗仪式"物化"，不把它理解为同类的活动方式，而是与山岚水色一样的风景，反倒是知识分子看待民间的最自然的方式。

下山的时候，磕磕绊绊，两边小摊贩喊"带福还家"，却毫无购一个纸花戴在胸前的愿望。买了一个玫瑰花球，拎在手上，如同小时中秋的灯笼。跟昨天不一样，下山时身边都是满足微笑的香客。不管怎么说，四月的妙峰山，是快乐的，还有什么比快乐更重要呢？

逃席松筠庵

我认识的北京朋友大都不喜欢南城，觉得穷、乱、杂，更与选房最讲究的"上风上水"相背离。但对研究近现代文化史的人来说，南城才是一座遗迹的宝库。有清一代，汉人绅商、进京举子，都只能住在南城，城南文化迥异东西城。法源寺、报国寺、陶然亭、南海会馆、绍兴县馆、琉璃厂、五道庙、京报馆……每日在文献史料中撞头碰脸的地名，都在南城，当然，还包括我们今天要去的松筠庵。

跨过宽阔的宣外大街，路南的小胡同一条条找过去，问问街口那个卖烤白薯的，达智桥在哪儿？不知道？那个卖糖炒栗子的呢？什么？这儿就是达智桥胡同！那……那个，在哪儿，远吗？不远不远，这儿不就是嘛，就剩下这个了。

就剩下一块牌子了。北京市重点文物保护单位，杨椒山祠。牌子嵌在一个杂货铺的门脸南侧，远远望去犹如爱国卫生运动的标语。后面的屋子，是老屋，可是低矮得不像话，断不是风云际会的松筠庵。

我不懂，为什么被列为文物保护单位和旅游景点的不是松筠庵，而是杨椒山祠。椒山是杨继盛的号，虽然他是明末人，但有清一代，小胡同里的这栋房子不断被人提及、描述、追忆，不是因为杨椒山，只是因为松筠庵。

有许多大事件在这里发生。这里房舍轩敞，松林环伺，论野趣当然比不上陶然亭，可它离城门近，与那座皇城的联系紧密得多。进京赶考的举子或同乡的京官，常常借这个幽雅的所在聚会游宴。这里甚至一度是翰林院清贵的学士们惯常的吟游地点。

它出过的最大风头大约是在1895年。那年4月15日，中日《马关条约》的内容通过铺设未久的军用电线传到北京，立刻惊呆了所有的耳朵。割让台湾、辽东半岛和两亿两白银的赔款，是大清与外国打交道以来最屈辱最惨烈的退让。几个小时后，正在京师参加会试的举人们在一个叫康有为的广东人的率领下，在松筠庵集会，草定了一份长达一万八千字的奏章。康的学生梁启超负责抄写，足足花了卅六个小时。他弟弟后来说，这件事改变了所有在场者的一生。这就是历史书上说的"公车上书"。

不过，面对松筠庵，我想起的是另一桩往事。那还是国运正盛的乾隆朝，权相和珅的生日在即，他向每一个在京的翰林都发了请帖——和珅并不像很多人认为的那样，是个草包。作为一个满洲贵族，他居然能够科第出身，实在不易，《儿女英雄传》里的安骥安公子也不过如此。不过，翰林们不买他的账，他们约定当日在松筠庵聚会，谁也不准去赴和中堂的寿筵。

到那日，松筠庵冠盖如云，翰林们果然都到齐了。吃了一半，突然有一位庶吉士（可以理解为翰林院练习生）说肚子疼，匆匆离席，紧跟着直奔和府。和珅府就是现在的恭王府，入宣武门后一直向北，到新街口再向东，十一二里地，不算远。

和珅见着这位唯一来贺的太史公，表情几乎可以用感激涕零来形容，亲迎亲送不算，还回赠了许多礼品。

之后，这位名叫阮元的翰林公就青云直上，外放，升转，没多少年就成了封疆大吏。他在两广总督任上，出资在广州设立了一座学海堂，大大提升了岭南的读书风气。有人说，如果没有学海堂，根本不会有后来的万木草堂，当然也就没有康圣人之流。一只蝴蝶拍打着翅膀离开了松筠庵，千万只蝴蝶挤挤拥拥地又回到了这里。如果庵后的松树有知，它记得的东西，一定比我们了解的多得多。

争权湖广馆

与松筠庵不同，不到两公里远的湖广会馆整修一新，里面好像随时都唱着堂会，开着筵席。

明朝时这里是张居正的住宅，后由张氏捐出设立全楚会馆，清嘉庆间扩建为湖广会馆。当然湖广出身的还有体仁阁大学士刘权之与顺天府尹李钧简，中央、市里都有人，这会馆建得气派！所以历来聚会宴饮，都喜欢借这里办事。1870年曾国藩在这里办过六十大寿，1900年八国联军入京，此地属于美军占领区，美军司令部也设在此处。

在我看来，最重要的一次盛会是在十二年后。

民国元年（1912年）8月25日，虎坊桥湖广会馆举行同盟会改组大会，会议的主题是吸纳其他五个小党，成立一个大的政党——国民党。这不是简单的政党合并，用秘书长宋教仁的话说，是要将同盟会由一个革命组织转变为一个普通政党，进而在议会选举中战胜梁启超的进步党，单独组阁。

这是一件大好事，而且孙中山先生将莅临会场发表精彩演讲。这是中山先生在北京第一次与全体会员见面，这更能说明会议的重要性。上海的同志将在同一时间举行大会，共同完成这次改组盛举。

湖广会馆的剧场并不大，只能容纳一千多人，但今天来的人将近两千。8月的北京，秋老虎正玩得高兴。在沉闷的嗡嗡声中，面对摩肩接踵、挥汗如雨的人群，宋教仁艰难地用湖南官话宣读了即将通过的新党章。

这个时候，沈佩贞和唐群英发难了。唐群英站起来大声质问，可是别人的鼓噪声完全淹没了她的声音。两位革命女性立即付诸行动，冲向主席台，扭住宋教仁就打。宋先生遭受两位女将的粉拳暴袭，不敢还手，只好挣扎着退场。

秩序大乱。大声吵嚷"反对"的、找主席算账向台上冲去的、声明退出拼命向外走的、就近扭住什么人殴击的、努力劝架又要防自己被打的，两千余名未来的革命元老和革命叛徒打成一片，众声喧哗，湖广会馆在吵闹声中摇晃。

据说，上海会场发生了同样的盛况，并且一哄而散。一个威严的身影出现在北京的台上。给孙总理一点面子吧，会场终于安定下来。于是，主持者一面请两位领袖讲话，一面发票，投票表决新党章。

孙文的发言历来比较长，但今天他说得就不是一般的长了。每当他挥动手臂，准备结束演讲的时候，旁边的张继等人就走过去请求他继续讲下去，以维护难得的秩序。

据目击者称，孙文漫长的演讲一直延续到投票结束。这场盛会从早上8时开始，至此已经日落，没有安装电灯的湖广会馆渐渐陷入黑暗。与会的代表整整一天水米未进，好在青年居多，还扛得住。最惨的还数孙总理，他穿着大礼服，浑身流汗在盛暑里讲了五六个小时！——所以该当广东人和湖南人当领袖，至少比别地的人耐热些。

国民党就此诞生，并在半年后赢得大选胜利，从而引爆了开启中国十五年分裂局面的二次革命。

对了，我忘了讲是什么让女将们如此狂怒。我至今无法理解，宋教仁为何要在他草拟的党章中加上这么一条，声明国民党不接受任何女性加入。

（此事在拙著《元周记》中亦有详述。）

买书琉璃厂

李慈铭《越缦堂日记》说京师有"三尚可","戏尚可听，花尚可赏，书尚可买"。明清以来，"买书"一项，北京向来为全国首选，也从来为全国的读书人所向往。北京访书最好的去处，当推和平门外的琉璃厂。1911年鲁迅应蔡元培之召赴京之间，即在致许寿裳信中问及"北京琉璃厂肆有异书不"，1912年5月5日鲁迅抵京，12日即到琉璃厂，"历观古书肆"。民国时代，北平常常被称为"文化城"，这个称号的获得，除了受惠于遍布全城的大学和图书馆，以琉璃厂为代表的书肆，不能不说也是一个重要的原因。

当时北京城内卖旧书的地方不少，东安市场、西单、隆福寺，都是书肆集中之地。但琉璃厂书肆规模最大，商鸿逵对此有过比较翔实的介绍：

北平的旧书肆区，在老年，就我所知，有一厂二寺。厂即琉璃厂，它是具有几百年历史的，迄今未衰。

"厂肆"二字在中国藏书史上至少是免不了要提的一个名词吧……记得去年南方某书店来北平采购旧书，先到隆福寺，进入一家，骤睹琳琅满目，便拣选了些，又进一家，又买了些，顷刻用去数千元，后来又到琉璃厂，见藏书之多且十倍于隆福寺，未见大买，囊资已尽，遂赞叹叫绝而返。（《北平旧书肆》）

琉璃厂兴盛的最大原因，主要是乾隆年间《四库全书》的编纂。这项大工程导致全国的图书都涌进北京，涌向琉璃厂。翁方纲《复初斋诗集·自注》中记录了当时四库全书馆的工作方式："每日清晨诸臣入院，设大厨供茶饭，午后归寓，各以所校阅某书应考某典，详列书目，至琉璃厂书肆访之。是时江浙书贾，奔辏辇下。"

清末风气大变，以旧书为特色的琉璃厂颇受冲击。当时上海出版的小说提到琉璃厂，都带着一种讥讽的色彩。《二十年目睹之怪现状》写到的琉璃厂书肆，除了会为官吏寻找《肉蒲团》《品花宝鉴》之类的书，就是排挤新式书贩。《负曝闲谈》借从上海来的周劲斋的眼光看去，琉璃厂只是卖"字画、古董、珠宝玉器"，好不容易有一家标明"代办泰西学堂图书仪器"，可掌柜的郑重其事取出的不过是本"珀拉玛"，即语法书，掌柜还吹嘘"要是能够念通这本书，就可以当六国翻译"。这在"到过外国"的周劲斋眼里，是多么浅陋可笑！琉璃厂在这些小说里被当作象征北京腐败的符码，可以窥见琉璃厂书肆在"新党"心目中的地位。

"五四"以来的新文学作家，笔触很少涉及琉璃厂书肆，即使偶尔提到，不是仅当作老北京风情之一种，就是将其视为藏书家和外国人的禁脔。这种观感，当然与琉璃厂书肆的经营方式和服务对象有关，但也根基于新文学作家往往将琉璃厂看作传统文化一道残留的风景，自然地加以拒斥的心态。

与琉璃厂书肆有着较密切关系的新文化人，多半是大学里的教授。他们为研究所需，必须占有大量资料。而琉璃厂书肆找书能力之强，店员素质之高，在全国首屈一指。琉璃厂书肆最大的好处，是服务周到、态度热情，即其开架任人翻阅这一层，当时全国各地别说书店无此法，连图书馆也办不到，所以鲁迅称琉璃厂书肆为"开架的图书馆"。

北京学者与琉璃厂书肆的学术交往，在现代学术史上几乎俯拾皆是。鲁迅自1912年来京至1926年南下，十五年间，去琉璃厂的次数达四百八十五次，采买图书、碑帖三千八百多册。后来鲁迅和郑振铎合编《北平笺谱》，原笺也大半得之于琉璃厂。胡厚宣搜得甲骨拓片和《古钱大辞典》，得以完成《甲骨文合集》；容庚写《商周彝器通考》得力于书肆提供的《金石聚》和《西清古鉴》等重要资料；翁独健校点《元史》，有赖于中国书店售出的百衲本《二十四史》；《金瓶梅词话》最早的版本和《聊斋志异》篇目最全的早期抄本都是通过琉璃厂得以面世的。

琉璃厂的气氛是令人愉快的。唐鲁孙是民初琉璃厂汲古山房主人李锡侯的外甥，我们看看他怎样描述当时书肆的情形：

> 看书时，抽烟柜上有旱烟、水烟，喝茶有小叶香片、祁门红茶；如果客人想吃什么点心，客人掏钱，小徒弟可以跑腿代买，假如您跟柜上有过交往，由柜上招待，也是常有的事。不但此也，您跟书店相熟之后，酷暑严寒您懒得出门，可以写个便条派人给书铺送去，柜上很快就找出送到府上；放上十天半个月，您买下固然好，不买也没关系，还给他就是了，这就是北平书铺可爱之处。像南京夫子庙左近也有不少书店，您要看了半天不买，他们绕着弯俏皮您几句损人的话，能把您鼻子气歪啦！（《北平的书摊儿》）

在爱好旧书的顾客眼里，这样的环境不但适宜购书，而且也能怡情养性，体会诗趣。这样一个惬意的所在，成了北京学者生活方式的一部分。在这些学者的眼中，琉璃厂不仅仅是购书的地方，还是聚会交流的场所，甚或是他们逃避世俗平庸生活的渊薮。据说鲁迅兄弟寄居在绍兴会馆时，为了躲避星期日的公祭，总是"特别早起，在十点钟以前逃往琉璃厂"，而在琉璃厂的主要内容是"在几家碑帖聊天之后，到青云阁吃茶和点心当饭"。

学者们在琉璃厂的聚会，大都出于无意，或相邀或偶遇，见面的机会倒远过于别的场合。因此，黄裳认为琉璃厂书肆的特点是具有"文化沙龙气息"，因为北京的文人学者并没有"经常随意性的、松散的聚会场所"，琉璃厂书肆可以起到这样的作用。(《琉璃厂故事》)

学者之间互为访求，互赠书籍也是常事。《四松堂集》刻印本是蔡元培借给胡适的，《雪桥诗话》是单不厂借给胡适的，鲁迅和胡适互通有无更是常被提及。周作人不舍得买《戴氏注论语》，便告诉钱玄同，让钱隔日买来送他。冯至曾在琉璃厂购得黄裳藏《唐才子传》，先是愕然，不相信老友竟将此书脱手，然后感喟："不管怎样，这部书在我的手里仿佛增添了分量。"琉璃厂有时充当了学者之间神交的中介物。

现代学者与琉璃厂书肆之间的关系，并不都是其乐融融的。琉璃厂毕竟是商业场所，商人所谋者利，决不做赔本的买卖。而学者大抵还是清寒之辈，于是商业和文化就不可避免地起了冲突。

鲁迅在《买〈小学大全〉记》中谈到当时的书价："线装书真是买不起了。乾隆时候刻本的价钱，几乎等于那时的宋本。明版小说，是五四运动以后飞涨的；从今年起，洪运怕要轮到小品文身上去了。至于清朝禁书，则民元革命后就是宝贝，即使并无足观的著作，也常要百余元至数十元。"著名学者的提倡也能左右琉璃厂的价格，"胡适之先生谈了谈'传记文学',谈到汪辉祖的《病榻梦痕录》,《梦痕录》立刻涨价,林语堂先生表表袁中郎,《中郎集》又涨起"。

这样一来,购书者感受到来自书价越来越大的压力。胡适逢到年节,也不免在日记里哭穷:"我近来买的书不少,竟欠书债至六百多元。昨天向文伯处借了三百元,今天早晨我还没有起来,已有四五家书店伙计坐在门房里等候了。三百元一早都发完了。"(1922.5.31)书肆平时买书不必给钱是很不错,到节下收节账时可就令人为难了。据刘半农家人回忆,刘家一到过节,全家都不敢出门,因为门洞里挤满了来要账的书贩!据鲁迅的书账,他在北京十五年,用于购书的费用将近四千元,跟他购买、修整八道湾的房价差不多。

现代学者喜欢逛厂甸的庙会,除了新春放假有暇,书价是一个很重要的因素。年节时分,不仅是琉璃厂的书肆,全城的书店都会到厂甸来摆书摊,廉价倾销大批旧书,所以自然成为文人学者的乐土。

书摊购书的乐趣,在于"淘",就得不惜脚力和时间。周作人在《厂甸》里称:"厂甸的路还是有那么远,但是在半个月中我去了四次,这与玄同半农诸公比较不免是小巫之尤。"钱玄同、刘半农属于"天天巡礼去"的一流。很多学者笔下都提到在厂甸书摊的收获,如鲁迅1923年正月初六以一角钱购得《明僮合录》;周作人以三角钱购得《拟禽言》;朱自清三角钱买得《伦敦竹枝词》,由此投稿《论语》杂志,得五元稿费，笑说是"仅有的一次买书赚了钱"。前人诗句"冷摊负手对残书"，最是得淘书之三昧。

琉璃厂在长达两百年的时间内，滋养着北京的学术。与琉璃厂书肆关系最密切的现代学者，反而很少正面评价琉璃厂，琉璃厂对于他们而言，就像空气和水一样，是自然的存在。说北京是最适合做学问的地方，大概与这种空气和水一样的氛围不无关系吧。

故都风华，于今久不得见。琉璃厂本身被当作文化符码大书特书之时，恐怕就意味着它早已远离了我们的日常生活。

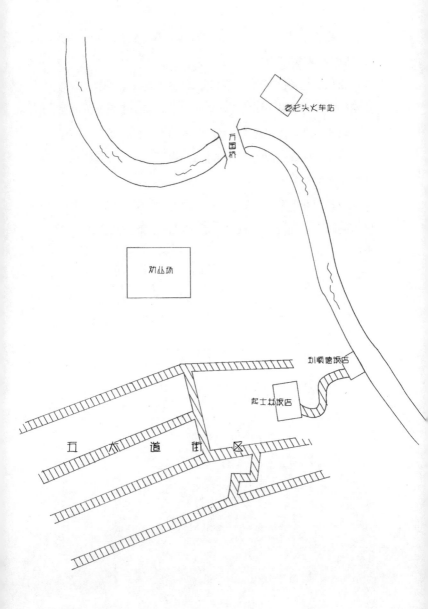

老龙头火车站

万国桥

劝业场

刘顺德饭店

起士林饭店

五　大　道　街　区

天 津

天津离北京很近，

朱棣靖难南渡而得名。

又称天津卫，兵农合一。

民国时这里是北京的后台、

化妆间、休息室。

欢迎入住天津近代史

2019年元旦假期里，我突然看到消息说，最近天津博物馆的展览不错，那就干脆去天津走一趟吧，哎呀，也好些年没去了是吧？那去天津住哪儿呢？这下灵感来了。

很早以前，我就想去住利顺德大饭店。不知道你对利顺德大饭店有没有认知？这个大饭店可是赫赫有名，早年我就买过一本书《利顺德大饭店与近代天津》。

这家饭店是全中国首家涉外饭店，最早修建于1863年。它的英文名是Astor Hotel，据说是为了纪念利顺德大饭店最有名的，或者说是给予支持最有力的一位顾客，直隶总督、北洋大臣李鸿章——Astor是总督的意思，所以利顺德也可以翻译为"总督饭店"。

利顺德的历史从1863年开始，几乎见证了近代天津的方方面面。住过的人就太多了，比如说袁世凯，宣统即位后，被摄政王载沣下令追杀，就是逃到天津，躲在利顺德；1912年孙中山进北京前，住在利顺德；黄兴跟陈其美来天津也住在利顺德；溥仪 1925 年从北京故宫被赶出来，搬来天津，也是利顺德的常客。

饭店的地下室还有一个利顺德博物馆，住都住了，可以去看看。这里住过的名人真是多，我们住的 303 房间，门口牌子上写着，这里曾经是张君秋和马连良这两位京剧名角儿住过的房间，真是与有荣焉。

看了那么多跟利顺德相关的故事，其中有一个特别能激发我的叙事热情，所以第二天我就把这故事里的路线走了一遍。

话说 1899 年，有一位二十五岁的美国青年来到天津，担任开滦煤矿的工程师——当然他后来在天津做出一番事业，这个先按下不表。他在天津先是住在利顺德大饭店——当时天津最好的饭店，基本上外国人都住这儿。第二年，青年搬到了马场道 10 号，住所对面是天津海关道道台一家。

1900 年义和团起事，整个天津租界内外一片火海。青年发现对面的房子被炮弹击中起火了，于是他冲进火场去救人，发现女主人和一个小孩已经被炸死，他救出了另一个幸存的小女孩，先是抱到自己家，后来转移到利顺德，在那里度过了庚子事变的日日夜夜。

二十年之后的 1920 年，青年已经是美国的粮食署署长了，他在华盛顿突然接到一封请帖，是中国驻美公使邀请他赴宴。到了以后，他发现出面接待他的是驻美公使夫人，公使夫人非常感激地跟他说："我就是二十年前你救起的那个小女孩!"

又过了七年，这位美国人竞选美国总统，被对手攻击，说他在中国时的账目不清。这时，一封来自中国的信力证他在财务上的清白，写信者是当年那位天津海关道道台。于是，这位火场救人的美国人顺利地当选了美国总统。

说到这里，我们可以把故事里的人物身份都翻出来了。救人者是美国第三十一任总统胡佛，被救的小姑娘叫唐宝玥，她的父亲是唐绍仪，中华民国第一任总理。而唐宝玥后来嫁给中国驻美公使顾维钧，也是著名的外交家，也曾担任过中华民国的总理。

我对这个传奇故事特别感兴趣。住在利顺德的第二天，我就将利顺德大饭店到当年唐绍仪和胡佛家的马场道10号之间的那条路走了一遍，体会当时从饭店搬到新家，从家里逃到饭店的感觉。在这种行走当中，不得不说对历史的那种亲切感、那种体认感，也就丰富了很多。所以我一直相信："万语千言，不如一见。"

商战于沪，政战于津

你大概不知道，"天津"得名自明永乐帝，意指天子渡河之地。不过，这一命名大可玩味——当朱棣经此南向，发动靖难之役时，他还只是图谋叛乱的皇叔燕王。因此，"天津"是一个被追认的地名。

如果不是朱棣在南京待不住，强行将国都迁回根据地北平，天津也无由成为拱卫京畿的"天津卫"，九里方圆的天津城也不会在永乐四年（1406年）建成。那时，北京尚未建成，正式都城还在南京，但永乐帝已先行在天津布下这着棋，一万六千多名士兵驻扎于此，目的是保卫京师，更重要的是保护漕运——帝都既设在远离经济中心江南的北平，由南往北的运输线便成了王朝的命脉，河运与海运的汇聚地天津，地位之重，不言而喻。

由此你也不难明白，为何英吉利王国的炮舰一旦自粤闽浙北上，直指大沽口，道光帝的态度立即软化，派出琦善与义律谈判。"在鸦片战争激烈进行过程中，每逢不能满足英国的侵略要求时，它就要发出'北赴天津'的叫嚣。"（《天津近代史》）是并未失陷的天津，而非被占领的上海，终结了这场战争。请记住这一点。

如此脆弱又如此重要的天津，注定是守不住的。十六年后，英国，这次加上法国，再次与清廷开战，不再在东南膏腴之地纠缠，而是直接剑指天津。大沽三战，天津被占领四十多天，朝廷已无法像1842年那样拒绝天津开埠，英法战胜，强划租界。1870年"天津教案"发生后，清廷设北洋大臣，例由直隶总督兼任，于是这帝国最重要的外职官员的衙门，从保定移至天津，从此形成了中外"商战于上海，政战于天津"的格局。

让我们弄弄清爽：八旗入关，分旗跑马圈地，几乎将北京城变成了一座大兵营；天津呢，它本身就是"卫"，就是一座大兵营。兵营文化是怎样的？我们只要想想近年被反复书写的台湾"眷村"，就可以思过半矣。这种文化中浸染长大的子民，重义气、好竞争，又对秩序等级有天然的尊重，对非传统的新事物相当排斥。"天津旧为军卫之区，俗尚武健。"（《天津县志》）"民气强悍，虽好斗而畏法，无敢与官长抗违者……以气节相高，无论贫富，见义必为。"（《续天津县志》）

人们常说"南沪北津"，说这是近代中国最洋气的两座城市。但莫要忘记，上海在开埠之前，只是江南一个普通的县城。而天津，早已是中华帝国北部首屈一指的大码头。统计数据表明，早在1845年，天津居民中的职业人口便已占总人口的百分之六十，总户数的百分之五十二点七一是"盐商、铺户和负贩"。到了1930年，调查租界之外的天津居民，职业人口在城市总人口中的比例仍是百分之六十左右，主要仍由坐商、手工业者、勤杂组成。八十多年来，添了九大租界，天津市民的职业构成与城市生活却没有根本的变化。

在传统的意识形态叙述中，天津的"反帝"传统比上海早得太多。五卅运动之前，上海几乎没有成规模的中外冲突，而天津早在1870年就爆发了"天津教案"，中兴名臣曾国藩因之声名扫地——试着想象：清末的上海，那个海上繁华梦的所在，会爆发"教案"吗？如果你能穿越，去问问李伯元、韩邦庆或吴趼人吧。

庚子事变、华洋大交兵、南北大分裂、"扶清灭洋"对"东南互保"。义和拳起于山东，兴于直隶，盛于津门，红灯照更是以沽直为发祥地。与上海不同，租界、洋人、买办，似乎是与天津居民不甚相关的物事，站在天津土著的立场，租界和洋人带来了什么好处？市政？警政？商机？就业率？似乎都不明显。

天津的租界内外，并不像上海似的华洋杂处、来去自如。上海有公共租界，天津没有，八国联军加上比利时，各据一隅，其中多个租界排斥华人迁入，天津居民也缺乏进驻租界的动机——据日本中国驻屯军司令部编的《天津志》记载，1906年，天津的租界总面积是华界面积的一点五倍，但华界的中国居民总数超过三十五万人，租界的中国居民只有六万人，还包括"许多原先住在这里尚未迁走的中国人"。

天津的租界社会相对独立，华洋之间壁垒森立，正如一位俄国记者报道的那样：只有讲英语，读《泰晤士报》，打网球，戴英国式的软木遮阳帽，穿白鞋黑袜，每天喝掺苏打水的威士忌，而且同时"蔑视中国人"，"才算得真正的绅士派头，才是文明人在东方的天职"。（《八国联军目击记》）

租界占据了海河两岸的大好区域，独享津沽码头的上等资源，却没给天津人带来显而易见的好处，无怪乎庚子年天津人近乎狂热地攻打紫竹林与老龙头火车站，也引致了八国联军对天津的洗劫。1900 年 11 月 26 日，各国联合成立的天津临时政府"都统衙门"第七十四次会议决议，"因军事理由及卫生目的，决定拆掉天津城墙"，并且，"今后不得重修"。天津成为中国唯一一座被外国人强拆城墙的城市。

华洋对立一直延续下去。1928 年，大商人高星桥在法租界投资修建了天津最大的商场。法租界当局多次建议商场命名为"法国商场"，高星桥却认为这个名称会冒犯天津人，引发抵制风潮，最后采纳了前清皇族载振的建议，定名为"劝业场"。

可以说，租界一直是天津人的眼中钉、心中病。一般来说，租界存在时间较长的地区，居民会有明显的洋化趋向，如上海、青岛、大连，甚至在语言上会留下痕迹。但天津人能说外语的极少，天津买办有广东帮、宁波帮，但没有本地人，他们大抵是从上海调来的。

别看五大道日夜灯火辉煌、赛马场朝朝彩声雷动，其实这是一个西方人占领过却从未征服过的城市。

北京的试验场

庚子之后，西太后老佛爷也知道，不变法不行，不学洋人不行。可是，拿北京来变法，反对声浪太大，也很冒险，"那么，让袁世凯在天津试试吧"。

新任直隶总督袁世凯，起家靠的就是天津。1895年，他以道员衔驻小站督练新军，引起了帝后两党的注意，这才有光绪帝召袁进京陛见、谭嗣同夜访逼袁站队、袁连夜驰回天津告密等一系列或真或假的事件。

无论袁世凯有没有促成六君子的断头，他因戊戌政变外放山东，并因大杀义和团备受赏识，总是事实。他获得了梦寐以求的直隶总督兼北洋大臣之职，这在1900年后的中国，是最最重要的职位。两江总督富庶有过之，湖广总督实业或胜之，两广总督独立程度更高一筹，但说到影响朝政、动摇国运，直隶总督的分量甚至超过了皇帝皇太后。

因为：（一）天津是北京的试验场；（二）洋人就在总督身边。

1870 年曾国藩在此任上，还觉得跟洋人打交道麻烦，如今袁世凯却不得不感谢租界提供了多么便利的学习机会。新军取法德日，士兵实行标准配备，按月给军属寄发饷银，并在军营内对士兵实行浅近教育，北洋军队即此成形，三十年内无与抗手。

《辛丑条约》规定天津不得驻军，新式巡警得此机会大显身手。巡警局的总办是日后的民国总理赵秉钧，教习则由日本警视厅警官三浦喜传等人担任。这支队伍是袁世凯将来遍布天下的密探网络之雏形，也是中国城市第一次拥有自己的公共治安体系。

1905 年，巡警制度作为成功经验，全盘移植北京——几千名天津警察直接开入北京执法。这批巡警地位非常特殊，1908 年光绪、慈禧相继崩逝，全中国都得守一百天的"国服"，你要是听过相声《八大改行》，准知道那有多严格，长个红鼻子，巡街的过来就是一鞭子！还有穿红袄的乡下妇女，被迫当街脱去外衣，回家上吊的新闻。连奥地利租界的巡捕，为了表示"尊重中国"，都摘下了帽顶的红缨。

只有遍布京津的巡警，"帽上袖口，红道宛然"，有那爱国子民投书报馆质问其事，报馆转问巡警局：此事是否无暇之疏误？巡警局义正词严地回答：不是来不及，巡警效法西制，礼仪亦以西方为准，"不为国丧易服"。大家也莫之奈何。

1906 年，朝廷准许在"奉直两省"试行地方自治，袁世凯立即成立了天津自治局。自治局一面编印《立宪纲要》等书，派员到天津城乡各区宣讲自治要义，一面由州县派人来局学习，四个月毕业，再从中选拔人员到日本学习，也是四个月。1907年7月，天津举行了中国历史上第一次地方选举，选出了由十名议员组成的天津县议事会。清末立宪运动就此从宣传鼓吹的阶段进入执行定制的阶段。

这一切让天津成为中国政治试验的特区。与之相应，中国最早的华资日报《大公报》亦出自天津，与《申报》并称南北两大报。袁世凯之于天津，正如张之洞之于武汉，都是一手将一座重镇带入了一个新的天地。

如果你身在辛亥那年，一边是激情迸发矢志革命却毫无治国经验的孙文一党，一边是老谋深算、拥有天津政绩的袁世凯集团，你会倾向于哪一边？你会不会像梁启超一样，认为袁世凯才是中国的希望所在？

鸵鸟都市

　　上至西太后，中至曾国藩李鸿章，下至京油子卫嘴子们，对于这些老中国的代表来说，香港、上海是已经送给外人的"夷场"，由他们胡搞去。天津，那可是大清朝的腹心之地、股肱之卫。洋人势大，没法子不让他们订条约、占租界，对于洋人在天津的为所欲为，老中国只眼开只眼闭，眼不见为净，好似头伸进沙堆的鸵鸟，老子惹不起，躲总躲得起。

　　曾国藩要"以诚待人，以德服人"，结果在天津弄得灰头土脸；李鸿章吸取教训，只管跟洋人、买办"打痞子腔"，以无事为上。比如美国因为侨民不足，管理成本太高，设立公共租界的提议又无其他国家附和，于是打算将天津的美租界"交还中国管理"。直隶总督衙门怕生意外，一口拒绝，美国只好将租界管理权让给英国。

　　这不是李鸿章一个人的思路，面对就在身边的洋人，整个京津社会都是一派鸵鸟政策。洋人关起门在租界搞赛马，打网球，庆祝圣诞节、汉拿卡节（犹太光明节，天津是有记载的中国唯一过此节的城市）；中国人在租界外赛龙舟，办庙会，抬着天后像游街。两个世界就这样并存、重叠在天津卫。

说来也古怪，天津这个五方杂处的码头城市，民风特别保守。举个例子，入民国后，首善之区北京的丧事都已变通，死者当日成殓，只有天津社会还是恪守古礼，单日不殓，双日方殓。五黄六月，难免引发瘟疫，警厅悬为厉禁，仍然无法扭转这种地方风俗。

再说近一点，京剧、相声、大鼓名角为什么大都学艺于北京，成名于天津？曲艺的段子、规矩、范儿，为什么在天津保留得最好最完整？这必得天津有这个风气，保守成规的风气。

1927年，中国风气渐开，女性衣着亦趋开放，大江南北莫不然。天津华界警察局颁布告示，公开干涉，"照得妇女服装，向有定制，本所以端风化而维观瞻。近查有一般女子，好弄炫奇，装束诡异，袒臂裸胸，自命时髦"，一旦发现，"带案送惩，决不宽贷"。

你在租界里胡作非为，他们管不着，但你敢出来试试！文告颁布后，一位徐姓少女从日租界行至华界，只见她"穿着纱长袍，藕荷色长背心，绣花白鞋、白丝袜，手提绿色旱伞"，引发观者如堵。巡警一看有可能酿成群体性事件，赶紧上前阻止该少女，劝伊乘车回家，与该少女发生争执，几乎"带区处罚"。

也是在这一年，西方交谊舞在天津租界广为流传。老实说，这种男女共舞从来就有，上海也老早就跳得不亦乐乎。不过以前是洋人跳，天津人不管，现在渐渐有华人出入舞场，对天津道德分子的信念造成了极大威胁。以前湖北督军王占元为首的几位名流联名致书各大饭店华人股东，要求他们舍弃商业利益，维护传统道德，否则要和他们血战到底（"坚持到底，无论何时，战志不渝"）。这批大佬何来这么大义愤？因为他们认为，跳舞"毁坏名节，伤风败俗，不遭天谴，亦交冥诛"。

西俗不能传染于华人，华俗倒不妨发扬光大，比如"大出殡"。当年盛宣怀出丧，在上海也曾喧堵一时，哄传内外。不过上海盛宫保那种级别的要人到底少，哪像天津租界，前总统、前总理、废帝、摄政王，色色俱全，督军、总长算什么？死一个大人物，出一回大殡，全城大堵塞一次。各国租界也不胜其烦，日租界率先规定，每次出殡队伍经过，需交两千元——这正中了豪门耗财买脸的下怀。大出殡风气更盛，成为津门一道常见的风景。

租界真跟天津人没关系吗？不是的，租界至少助长了天津人瞧不起人，尤其瞧不起北京人的脾气。租界离北京只有二百里，洋人就在你身边，还怕有个三长两短无处藏匿吗？北京人看见当官的，都是官们趾高气扬的得意之时，一旦有些风吹草动，当官的都撒丫子跑到天津租界当鸵鸟，狼狈相全落在天津人眼里了。

　　民国五年六月，从天津发迹的"袁大总统"病逝于北京，消息传来，本来就惶惶不安的北京政界一片哗然。人人不知谁会上台，更不知上台后会不会清算洪宪的老账，一日之间，奔逃天津的官员达六七千人！老龙头车站广场好一片盛大的流亡景象。

　　黎大总统上台，既往不咎，庞大的官员群又杀回北京视事。天津的旅馆、公寓，房价大跌，不过天津人不在意，收拾收拾，等着。过了一年，张勋张辫帅自徐州进京，先在天津开了几天会。没两天，听说大清复辟了，在天津的遗老、总督、布政使、按察使、提督、统带、侍郎、副都御史，都赶着往北京奔，反过来，民国的官儿涌往天津。具体数目，嘿嘿，没统计，太乱了。我只知道，那两天，北京前门车站的京津快车车票，总额卖了七十万大洋！七十万！

东方快车八卦案

京津快车不只用于逃难，平时这里也是中外瞩目的焦点。

北京正阳门火车站的汽笛一拉响，无数的新闻故事已在路上。

那趟开往天津的京津快车上，乘客都是何许人也？你守在站台上，紧盯着头等车和二等车的车门，一个个挟着皮包、戴着礼帽的人影从你眼前掠过，很少大张旗鼓地送行，却总有拐角或旮旯的窃窃私语。他们嘴里的烟头在冬日的冷空气中发亮。

若你怕冷，怕麻烦，可以找站长，以媒体的名义，向他索要该车次的"要人名单"。只要是侍从武官或管家打电话来订的票，主人的名字就会出现在次日各大报的《政要萍踪》栏目里。那一般是在第六版或第七版的下方。

可是，明目张胆的出行，新闻价值一般不大。真正的新闻，在那些不想让公众知道行踪的乘客身上。他悄然买票，悄然上车。如果你是一位懂行又负责的新闻记者，你该常在京津快车上穿梭，没准儿会猛然遇见一位现任总长，或是赋闲的督军，你大可以凑上去，请他抽一根雪茄，顺便谈谈时闻与财政。奇怪吗？一离开京师地面，这些政客就像刚买了一份高额保险，警惕性低得惊人，牙缝里随便漏点儿消息，都够你写篇专访的了。

万一碰上的是某秘书、某侍卫、某干事长，你更得小心，他可能是去送信的、谈判的、替主人打前站的。他们是中国政治的晴雨表，留神他们的每一句话、每一个表情，如果有可能，偷偷看一看他们的票根，哪怕是单程票与往返票的不同，都暗示着不同的政坛动向。

到站了。打算在车站等一小时原车返回吗？我劝你在天津多待一阵子，北京只是表面的风云际会，真正的密谋与发动，都在这二百里外天津卫的九大租界中。

走出天津站，空气中飘浮着煎饼与麻花的香气，眼前是流淌的海河，对岸是英租界与法租界，无论是凌晨或夜深，那儿有些楼房的灯火永不熄灭。

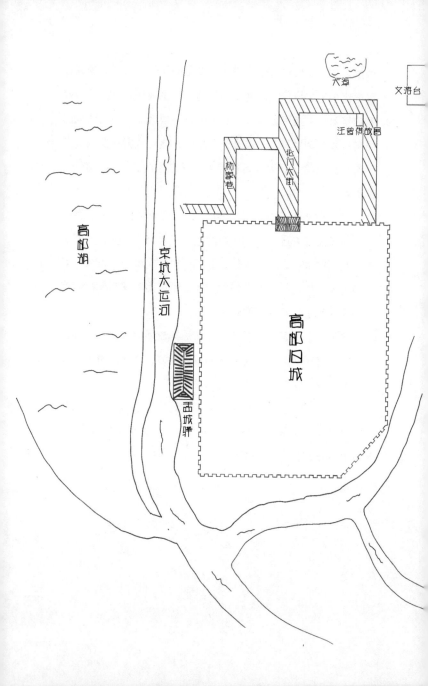

天池

文游台

杨家巷

北门大街

汪曾祺故居

高邮湖

京杭大运河

高邮旧城

盂城驿

高 邮

我的祖籍所在。

目前所知家谱可上溯至清中叶。

杨福臻（天祖）—杨苇

（高祖）—杨遵矩（曾祖）

1931年高邮大洪水后，

为避霍乱，举家迁苏州，

再到曾祖任职的南京。

第四次寻访高邮

　　这是二十年间，我第四次去高邮。每次回去，心情都大不同，收获也大不同。

　　对于大部分人来说，去高邮肯定不是被旅游景点吸引，毕竟扬州、苏州、南京这些重点旅游城市都离得不远。他们大抵是奔着文化名人来的。"古有秦少游，今有汪曾祺"本是高邮的两张名片，而汪曾祺在当下的阅读热度，正是方兴未艾，恰好他又是我定义的"城市传记作者"。不知有多少"汪迷"、汪曾祺研究者心心念念，想亲身来看一看《受戒》中明海出家的菩提庵，《大淖记事》中的大淖，《异秉》里王二卖熏烧的保全堂，《戴车匠》《八千岁》里的老街，《徙》里高北溟执教的五小……或许看了之后，多少会有些失望，但正如"顶级汪迷"苏北所言，小说里的地名与人物立时变得鲜活起来，不再是凭空想象。

　　而我的身份，比较多重。我既是一个汪曾祺的研究者，也算是高邮流散在外的子孙。虽然从小没在高邮待过，但户口本、学生证上明晃晃的"籍贯：江苏高邮"总是一种印记与提醒。

1987年，生长在四川的父亲头次回高邮，为了追寻从小在曾祖母、祖父、三祖父口中听得太多的故乡。他在游记里写道：

> 站在汽车站前面的公路上，往南，可望见建于明万历年间的净土寺塔；往东，可望见文游台。西面有三条马路通向城内：居中一条通至北门口，两旁是机关、住宅和商店，可算作新城的中心。北边的一条环城而行，接通继续北上的公路。南边那条马路通向旧城东门。三条马路都是新修筑的，我挑了南边那条路进城。
>
> 城门口是县立中学，似颇大，未入。过县立小学（今名实验小学），记得父亲说过他曾在此就读，便入内看了看。房屋大抵还是四五十年代所建，没有什么新的气象。

父亲1987年初回高邮，到我2019年再访高邮，三十二年来，变化当然巨大，但旧城格局仍在。他那年去高邮，最想看的是造成这座"盂城"（高邮县城低于运河与高邮湖水面，形似覆盆而得此名）的大运河，只因"祖母在世时常常说起，运河高邮段河床高于街面，发大水时河面竟与城墙一般儿高，一旦堤溃，水头势不可当，淹至屋檐。人们只好蹲踞在叠起的八仙桌上，或坐进洗澡的大木盆，随水漂去。结局可想"。

这次看运河故道，夕阳西下，渔舟二三，波光映日，柳影婆娑，于清风碧草中徜徉，大略很难想象1931年大水决口时城为泽国、人为鱼鳖的凄惶图景。只是我每次走到运河堤上，总会想起父亲当年在此的"招魂"："魂兮归来，祖父！魂兮归来，祖母！魂兮归来，绱叔！你们远离故乡，颠沛流离，饱经苦难。愿你们魂归故土，永得安宁！"

关于那段家史，也是大时代中平凡家庭的常见命运，不必细说。此次去邮，我想解决的一个主要问题，就是何以清末至民国，总是发生"保堤""保坝"之争。

据新编《高邮县志》，自明万历十九年（1591年）至民国三十七年（1948年），高邮共发生一百二十七次较大水灾，平均不到三年就有一次。苏北淮河流域一带经济、文化的发展一直难以追赶苏南，最大的原因就是水灾频繁，里下河农民连种稻也只敢选"三十子""吓一跳"这样的品种。这类稻种收获期早（5月底我们在菱塘一带已经见到早稻收割）、稻秆高，但产量很低。里下河长年选种这类早稻，只为了避开夏天很可能爆发的水灾。

而且高邮等地的水灾，不仅是天灾与地形所致，还跟河官、盐官之争有关。河官要保田安民，主张尽早尽快泄洪，而盐官与盐商为了保证北上的漕运，要优先保证大运河的水量。一到多雨季节，这种冲突就会异常剧烈。一旦高邮湖与运河上游水位暴涨，就有可能引致"淮水归海"的决策，就是让大水漫过高邮、兴化等地，流入黄海。至于这一带的田地房舍、人口牲畜，就只能自求多福了。

汪曾祺的文字里有大量水的意象，他说"我们那里的水平常总是柔软的，平和的，静静地流着"，然而"水有时是汹涌澎湃的"。高邮的水，暴烈起来让人难以想象。汪曾祺在《我的家乡》（1991）中写道：

阴历七月，西风大作。店铺都预备了高挑灯笼……轮流值夜巡堤。告警锣声不绝。本来平静的水变得暴怒了。一个浪头翻上来，会把东堤石工的丈把长的青石掀起来……终于，我记得是七月十三（可能记错）（**按：1931年8月26日，阴历正是七月十三，汪曾祺一点儿没记错**），倒了口子……西堤四处，东堤六处。湖水涌入运河，运河水直灌堤东。顷刻之间，高邮成为泽国。

我们家住进了竺家巷一个茶馆的楼上（同时搬到茶馆楼上的还有几家），巷口外的东大街成了一条河，"河"里翻滚着箱箱柜柜，死猪死牛。"河"里行了船。会水的船家各处去救人（很多人家爬在屋顶上、树上）……水退了，很多人家的墙壁上留下了水印，高及屋檐。很奇怪，水印怎么擦洗也擦洗不掉。全县粮食几乎颗粒无收。我们这样的人家还不至挨饿，但是没有菜吃。老是吃慈姑汤，很难吃。

因此"水"对高邮地域文化性格的影响，必然是双重的，既有柔软、平和、沉静的一面，也有变动、激越、无常的一面。

比如我们这次去清水潭度假村，看到的都是水平如镜，千鸟翔集，林壑幽深，曲径勾画。谁能想到，自北宋到民国，这里是运河堤防最险之处，历代记叙不绝如缕。明万历年间，高邮州判官罗文翰为保大堤，被洪水吞没，州民集资建有罗公祠以为纪念。同治五年（1866年），清水潭大决，决口宽达三百八十余丈（一千二百多米），二十里范围内人船无一幸免。

像这样的例子，在高邮历史上不知道有多少。实地访察之后，我终于更明白与体会了"水"之于高邮的意义。

《高邮传》，作者汪曾祺

汪曾祺很爱自己的家乡。

不去摘录那些直白的思乡文字，单说他1982年发表的剧本《擂鼓战金山》，第四场末韩世忠对着金兀术有一段唱词：

> 江水滔滔向东流，
> 二分明月在扬州。
> 抽刀断得长江水，
> 容君北上到高邮。
> 抽刀断不得长江水，
> 难过瓜州古渡头……

第二句"二分明月在扬州"其实是有点凑数的，跟全场的气氛也不大合。倒是"容君北上到扬州"，韵也对，气势也更妥帖——扬州、瓜州对举，都是自古的军事重镇。而两宋之际，高邮一直在军、州、县之间切换，重要性摇摆不定——总之，我主观地觉得汪曾祺这里有一点私心，在唱词里嵌入了自己的家乡。

高邮不仅是汪曾祺的生身故乡，也是他的精神故乡。有研究者指出汪曾祺小说对地域文化的依赖，联系他居住过的地方：在上海住了一年多，有一篇；在张家口四年，有十篇；昆明七年，亦有十篇（加上新发现的佚作应该不止）；北京三十四年，小说有十八篇；高邮从出生到离开，十九年，他写高邮的小说有四十六篇。

汪曾祺笔下的高邮人物中，官职高者大概是打死陈小手的团长、勒索八千岁的八舅太爷，哦，还有《皮凤三楦房子》里的奚县长与谭局长。其余都是中下阶层的市民：

　　和尚、尼姑、炕鸡的、赶鸭的、车匠、锡匠、瓦匠、棺材匠、银匠、画匠、小贩（卖卤味、熟藕、馄饨、水果、菜）、货郎、药店店员、小店老板（米店、绒线店、炮仗店、酱园、糖坊、豆腐店）、挑夫、地保、打鱼的、吹喇叭的、水手、卖艺的、卖唱的、跑江湖做生意的、收字纸的、保安团长、医生、兽医、画家、中小学教师、小学校工。（方星霞《京派的承传与超越》）

汪曾祺自己算是大户人家的小少爷，但他小说里对《徙》里面写到的浪荡子弟（仗势欺人的申潜、没出息的谈幼渔）深恶痛绝，他关注的大多是"善良的，有古风的自食其力的劳动者"，关注他们"吃什么和想什么"（《卖蚯蚓的人》）。这让他的高邮小说常常被称为"浮世绘"与"风俗画卷"。

乍看起来有些矛盾，其实这是一种文学传统。如鲁迅之于绍兴，沈从文之于凤凰与湘西，萧红之于呼兰与哈尔滨……一位作家成为一个城市的传记作者，笔触避开《县志》里热衷的行政区划、人口财税、历任官长，而是深入民间社会，描述市井百态、日常哀乐、风土人情、奇闻逸事。这是一种透肌浃肤的描述，它甚至能够将所写的城市抽象出来，变成一个"中国城镇"，同时钉入小说史与城市史。

往前追，这样的传记作者还有曹雪芹、蒲松龄、吴敬梓和兰陵笑笑生——史景迁的微观史学名著《王氏之死》便是用《聊斋志异》与《郯城县志》《费县志》等相参照，还原了清代山东的小人物生活。向后看，这类传记作者有陆文夫、王安忆、冯骥才等。

这些作者，大抵不是豪富之家，但也不是真正的底层出身，他们的家庭基本属于"士绅阶层"。造就他们关注社会习惯与审视城市眼光的，恰恰是中国的士绅传统。

士绅阶层掌握着传统中国县城以下社会的"公共领

域"，学者把他们的角色分为三种类型：维持秩序的角色（组织防卫、民事仲裁、赈灾济贫），经济角色（引进外贸、修建水利、调控物价），文化角色（主持祭祀、书院讲学、主导舆论）。士为四民之首，他们在各个方面扮演着人民代表的角色，他们秉持的主流价值观，是"民胞物与"的儒家精神。

基于这样的童年经验与"实近儒家"的思想立场，汪曾祺在他的高邮小说里，很少写底层劳动者得到政府与官吏的帮助与救济，而喜欢描写市民社会的互爱、互助，尤其是对情谊的看重。如《岁寒三友》中靳彝甫为帮助陶虎臣、王瘦吾不惜出售家藏田黄，《徙》里高北溟对恩师手稿的竭力保护，《鉴赏家》里叶三对季匋民画作的欣赏与守护，《八千岁》里众人作保救回了被勒索的八千岁。

《大淖记事》里最为解气的一幕是兴化锡匠们的"顶香请愿"，这一举动源自古老的自然法：民有沉冤，官不受理，被逼急了的百姓可以用香火把县大堂烧了。而县政府也没有因为《六法全书》中没有这条法律而强行镇压，反而"县长邀请县里的绅商商议，一致认为这件事不能再不管。于是由商会会长出面，约请了有关的人"，通过会商把这件事了结。

即使是在故乡人人不齿的"拉皮条"的薛大娘，汪曾祺认为她能帮助别人与自己解决性饥渴，仍然是"积德"，笔下不吝赞美："薛大娘身心都很健康。她的性格没有被扭曲、

被压抑。舒舒展展，无拘无束。这是一个彻底解放的，自由的人。"（《薛大娘》，1995）

在20世纪80年代对汪曾祺的批评中，有一种说法是他"把旧社会描写得太美好了"。依照汪曾祺"使这个世界更加诗化"和"有益于世道人心"这两条写作原则，他完全有可能有意识地过滤记忆，选择性地描写那些他认为美的、有益人心的故事，甚至是他想象中的人格与结局——"诗化"某种意义上也就是"文人化"，其根底还是汪曾祺得之于家族长辈的行事与心性。

汪曾祺在《使这个世界更诗化》中说："我认为作家的责任是给读者以喜悦，让读者感觉到活着是美的，有诗意的，生活是可欣赏的。这样他就会觉得自己也应该活得更好一些，更高尚一些，更优美一些，更有诗意一些。"这是某种文化责任的自觉承担。

也正因此，汪曾祺很难处理小说中新时代的社会矛盾与人际冲突。没了时间的屏隔，光写世间的美好，总会显得不太真实。像《寂寞与温暖》里的赵所长，《皮凤三楦房子》里的奚县长，都带有理想化的色彩，不期然让人想起赵树理《李有才板话》中的"老杨同志"（赵树理也是汪曾祺很佩服的人）。可是生活中的各种矛盾冲突，要指望领导来解决，这种思路与汪曾祺的创作观念、美学诉求都有点扞格不入，然而怎么办呢？高大头帮助了朱雨桥，自己楦了房子，但如果谭凌霄没被告倒，高大头照样随时会被穿上小鞋。

以汪曾祺对故乡高邮的热爱，晚年的他一边蜗居北京书写着高邮，一边向往着回乡住个两三年，好好观察、研究一下暌违四十多年的故乡。但是回乡住哪里呢？汪曾祺有一处分家后有房契的房产，每一次他回乡，总会向当地委婉提出归还，也正式打过报告，但总是"我家的房子不知为什么总不给解决"（致陆建华信）。1993年5月30日，汪曾祺给当时的高邮市长戎文凤写了一封信：

> 近闻高邮来人云，造纸厂（汪家房屋被造纸厂所占）因经济效益差，准备停产。归还我们的房屋，此其时矣。我们希望房管局落实政策，不要再另生枝节，将此房转租，另作他用。
>
> 曾祺老矣，犹冀有机会回乡，写一点有关家乡的作品，希望能有一枝之栖。区区愿望，竟如此难偿乎？

据说读到此信者无不动容。然而在汪曾祺剩下的四年光阴中，他仍然没能等来关于房产的佳音，一封书函动九天的佳话终于没能上演。

又是二十余年过去。如今高邮已将汪氏故居腾出，盛大的汪曾祺纪念馆也已遍迎各方游客。汪先生泉下有知，当感欣慰。这一份来自故乡的深情厚谊，若能早个二三十年，该有多好？"许我十年闲粥饭，未知留得几囊诗。"那样的话，汪曾祺这位《高邮传》的作者，还不定能留给我们多少新的章节哩。

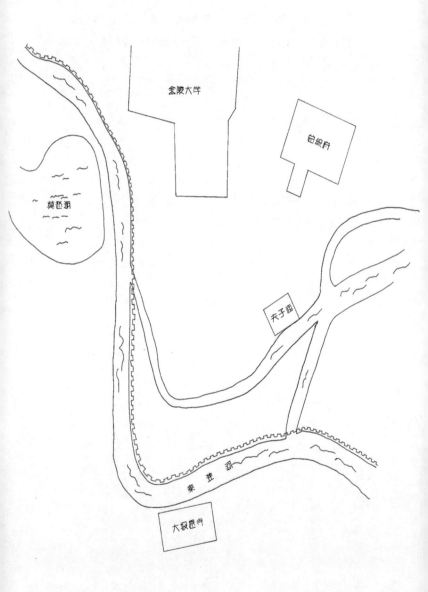

南 京

曾祖父在铁道部育才科任科员。

祖父1931—1937年

就读于金陵大学附中。

1937年11月,

曾祖与祖父随国民政府西迁,

家小送回高邮。

如何想象南京

　　我对南京的向往，是从小学开始的。某年祖父收到"金陵大学校友会"寄来的材料，内中有金陵大学的校歌谱词，开头一句是"虎踞龙盘我金陵……"当时我爱极了这句词的气势雄浑，不禁连带对古史唐诗中的石头城悠然神往。（可是我的记忆骗了我，胡小石先生作词的金大校歌是："大江滔滔东入海，我居江东；石城虎踞山蟠龙，我当其中。三院嵯峨，艺术之宫，文理与林农。思如潮，气如虹，永为南国雄。"意思差不多，可我记忆中的词是哪儿来的？）

　　如果不是1948年在南京国民政府海关关务署总务科任科员的祖父自请遣散，拿了三个月工资的遣散费坐等解放；如果不是怀孕的祖母为了减轻家中负担，回了川南老家待产；如果不是祖母害怕重演抗战时局，长江上游下游分裂为二，家庭遭受骨肉离乱之苦，一力主张祖父带其他家人抗战之后二次入川……那么，我便是个南京人，从小在玄武湖、栖霞山、燕子矶、雨花台、莫愁湖、灵谷寺之间长大。

1991年我本可以选择入读南京大学，但最终留在了广州。于是迟至2000年，才第一次踏入这个六朝金粉之地。我的20世纪，始终与南京无缘。

我很难不以一个外人的眼光，打量这座我的祖父前半生读书、工作于斯，后半生又时时怀念着的城市。

虎踞龙盘

一个颇有意思的现象：自古评说、纪咏南京者，汗牛充栋，搜检之下却发现，其中绝少有南京人的"自道"，几乎所有的名句、名诗、名文，都出自外乡客之手。南京大学中文系教授丁帆曾编过《江城子：名人笔下的老南京》一书，遍搜民国时期关于南京的名人笔墨，收作者凡七十一人，内中似乎也只有词曲研究家卢冀野是南京人。

"钟山龙盘，石城虎踞，真乃帝王之宅也。"这是山东琅琊人诸葛亮初登清凉山巅的浩叹。不过，考虑到当日他周围全是东吴的陪客，这话有多少客气成分，很不好说。虽然南京的风水确实不错，孙中山曾评价："其位置乃在一完美的地区，其地有高山，有深水，有平原，此三种天工钟毓一处，在世界大都市诚难觅此佳境也。"由此不难看出，南京如何能在1912年打败首义之地武昌，成为中华民国临时政府的首都。

不过，南京作为国都，似乎象征意义大于实质意义。远的如东汉、六朝、南唐那些往事不去说，近的像明初燕王朱棣南征的"靖难之役"，明末豫亲王多铎破南京的"鼎革之役"，1842年英军兵临下关的"鸦片战争"，太平军1853年攻占南京、十一年后又被曾国荃攻陷的"太平之役"，还有辛亥年浙江光复军克南京，二次革命张勋占南京，1927年北伐军破南京，更别提1937年的大屠杀，1949年的百万雄师渡江，历史经验几乎可以总结为：只要敌方兵临南京城下，这座城池与其中的政权，迟早难免覆灭的命运。

关于这一点，葛剑雄等历史地理学者有过分析。自古以来，南北对峙的政权，虽然号称划江而治，其实长江从未真正成为阻挡南下或北上的天堑。南北争夺的焦点，实质是在江淮一带，得江淮者得天下。而南京虽然风景殊胜，却是兵法上所谓"四战之地"，易围难守。所以升平之世，它是繁华地、销金窟，战火一起，往往便沦为修罗场。

面对这样一座承载着太多故事与变幻的城市，如何不油然而生兴亡之感？而且兴盛、杀戮、衰败、复兴、繁盛、新的杀戮……这样的循环，让人同情中带着愤恨，不由得觉得南京城实在"数奇"。刘梦得名句曰"王濬楼船下益州，金陵王气黯然收"，1949年有人不服气，觉得国府尚有可为，改为"金陵王气尚未收"，最终还是破不了立都南京者为短命朝廷的魔咒。

还是余杭人章炳麟眼毒，在1912年追悼光复诸烈士时，就为这座城市下了石破天惊的断语：

　　　　群盗鼠窃狗偷，死者不瞑目；
　　　　此地龙盘虎踞，古人之虚言。

满目江山

　　既然这座城市不宜于社稷天下，那不如径去风花雪月，才不辜负这好山好水。

　　南京历史上最好的时期是——这得分怎么说，以市政建设论，当数国民政府迁都之后的"黄金十年"；而以风流荟萃论，该推有明三百余年的光景。此时期南京为"留都"，有京师之名而无政务之繁，有流通之利而无战火之厄，于是秦淮艳名，传遍天下，金粉之地，再添新声，南京成了不折不扣的风月之都。

　　清兵南下，史可法带着扬州、嘉定在前边顶缸，成就了汉人心中三百年的痛。南京在马士英、阮大铖、钱谦益率领下匍匐请降，反得保全。又逢文字狱摧折士气，倒不影响娱乐事业的繁荣，直到雍正十一年（1733年），安徽全椒人吴敬梓迁居南京，明代的遗韵尚未歇绝，让这位大才子可以将目见耳闻的场景直接放进万历年间去：

这南京乃是太祖皇帝建都的所在，里城门十三，外城门十八，穿城四十里，沿城一转足有一百二十多里。城里几十条大街，几百条小巷，都是人烟凑集，金粉楼台。城里一道河，东水关到西水关，足有十里，便是秦淮河。水满的时候，画船箫鼓，昼夜不绝。城里城外，琳宫梵宇，碧瓦朱甍，在六朝时，是四百八十寺；到如今，何止四千八百寺！大街小巷，合共起来，大小酒楼有六七百座，茶社有一千余处。不论你走到一个僻巷里面，总有一个地方悬着灯笼卖茶，插着时鲜花朵，烹着上好的雨水。茶社里坐满了吃茶的人。到晚来，两边酒楼上明角灯，每条街上足有数千盏，照耀如同白日，走路人并不带灯笼。那秦淮到了有月色的时候，越是夜色已深，更有那细吹细唱的船来，凄清委婉，动人心魄。两边河房里住家的女郎，穿了轻纱衣服，头上簪了茉莉花，一齐卷起湘帘，凭栏静听。所以灯船鼓声一响，两边帘卷窗开，河房里焚的龙涎、沉、速，香雾一齐喷出来，和河里的月色烟光合成一片，望着如阆苑仙人，瑶宫仙女。还有那十六楼官妓，新妆袨服，招接四方游客。真乃"朝朝寒食，夜夜元宵"！（第二十四回）

《儒林外史》是世情小说，极少写景，这里却拿出大段篇幅，下力描摹，足见吴敬梓对南京的熟悉与喜爱。他跟大多数传统文人一样，对眼前的自然景物不太感冒，却乐于吊古伤怀。他临终前不久曾作《金陵景物图诗》，与其说是咏景，不如说是借景咏史。《儒林外史》第三十三回写杜少卿夫妇游清凉山，焦点在于那六朝人物一般的行止。说到景致，只不过是"一边是清凉山，高高下下的竹树；一边是灵隐观，绿树丛中，露出红墙来，十分好看"。少卿先生登清凉山，怕也只为了娘子初到南京的兴致，漫不经心地四下看看之后，便只顾"趁着这春光融融，和气习习，凭在栏杆上，留连痛饮"。至于庄征君赐居元武湖（避康熙讳，改"玄"为"元"），更于景色了不措意，一共只八个字："湖光山色，真如仙境。"作者在意的反倒是"那湖中菱、藕、莲、芡，每年出几千石。湖内七十二只打鱼船，南京满城每早卖的都是这湖鱼"——明末清初讲求实学的风气，于此也可见一斑。

说到底，余秋雨式"文化苦旅"不自今日始，千百年来，文人雅士面对的山水，都是"历史化的山水"，所谓满目江山，注目只在江山背后的人事变幻。居于山水胜地，游赏固不会少，但游赏通常会演变成一场怀旧之旅。故此朱自清说："逛南京像逛古董铺子，到处都有些时代侵蚀的遗痕。你可以摩挲，可以凭吊，可以悠然遐想……这些也许只是老调子，不过经过自家一番体贴，便不同了。"（《南京》）

《儒林外史》中最大的盛会，说起来是众高士雨花台祭泰伯祠，什么"两边百姓，扶老携幼，挨挤着来看，欢声雷动"，什么"我们生长在南京，也有活了七八十岁的，从不曾看见这样的礼体，听见这样的吹打"！但这一回大书的，不过是文木老人拯风起俗的想象。这样的大祭，就算真有许多百姓来看，主要也是因为吹打得热闹，实际上还不上两三年，泰伯祠已经凋敝不堪，"屋山头倒了半边""大殿上槅子都没了""后面五间楼，直桶桶的，楼板都没有一片"，只有五六个小孩子在那里踢球，三四个乡间老妇在丹墀里挑荠。这座大祠的建成，毫无移风易俗之功，只做了文人追怀凭吊、想象风流的好去处。

这种情形一直到近代仍无更改。唐宋怀念六朝的云烟，明清遐想唐宋的风流，晚清忆记太平之乱前的繁华，民国又夸饰鼎革前的古意。国民政府定都南京后，十年大规模的建设，南京几乎换了模样，但士夫眼里的仍是想象中的古金陵："有一班住在南京稍久的人，看见这里变成日渐繁荣的都市，心上很觉得不安，谁都在心坎上留着一个昔日荒凉的古城的影子，像怀念一个老友似的，看见一切都在渐渐变更了，心里就起了一股怨气，真像对一个老朋友说：你'不念携手好，弃我如遗迹'一样的悲伤。每逢走出家门总找那些没有开辟的小路走，眯着眼笑，说：这还是十年前的古城呢。"（方令孺《南京的骨董迷》）

复古情怀于今为烈。走进闹市区的总统府，总忍不住抽一口凉气，仿佛走进了一个扭曲折叠的时空。此地有孙大总统的会议室、蒋委员长的办公楼、两江督署的后花园、太平天王府的马厩，更别说藏在犄角旮旯的林森、张勋等人。重重叠叠的历史遗迹被拼贴在一起，像一地散乱的简册朝报，又像走进近代史的微缩景区。总统府外，还有不伦不类的1912酒吧区，难免让人想起杜慎卿的那句名言："小弟看来，觉得雅的这样俗。"

秦淮烟月

秦淮河不同，它是历史的，又是活鲜鲜的。杜少卿初来南京找寓处，有人撺掇他找"河房"。其实秦淮河本身的水景有什么好？一条缓缓的河，千百年来，两岸多少人家，"淘米，洗菜，是与刷马桶，洗衣裳都在一起"（荆有麟《南京的颜面》）。张岱《陶庵梦忆》说得透彻："秦淮河河房，便寓、便交际、便淫冶，房值甚贵，而寓之者无虚日。画船箫鼓，去去来来，周折其间。河房之外，家有露台，朱栏绮疏，竹帘纱幔。夏月浴罢，露台杂坐。两岸水楼中，茉莉风起动儿女香甚。女各团扇轻绔，缓鬓倾髻，软媚着人。"因之同样一条河，在桨声灯影里，在1923年的朱自清眼中，却是"秦淮河的水是碧阴阴的；看起厚而不腻，或者是六朝金粉所凝么"。

朱自清与俞平伯，两位二十四五岁的青年，慕着秦淮千年的艳声，特意于夜里雇了船来游河，却又"受了道德律的压迫"，连点首歌都不敢，空自被歌妓骂句"呆子"。待得画舫远去，两个人又讨论起为什么会拒绝听歌，一个说"接近妓者总算一种不正当的行为"，而且"妓是一种不健全的职业，我们对于她们，应有哀矜勿喜之心，不应赏玩地去听她们的歌"；一个说"因为我有妻子，所以我爱一切的女人"，因为爱，因为尊重，所以听歌是对她们的一种侮辱。两个人都承认"欲的胎动无可疑的"，却又各写一篇《桨声灯影里的秦淮河》，用浓得化不开的文字书写秦淮的夜，夜里涌动的欲望，欲望被压抑后半喜半悔的心情。这两篇散文，是绝好的在传统情色诱惑与新文化道德律之间挣扎的青年心态的写照。

旧一点的人反而放得开些，譬如张恨水，道是："我们别假惺惺装道学，十个上夫子庙的人，至少有七八个与歌女为友，不过很少有人自写供状罢了。"他是新闻记者的身份，歌女们"当然懂得什么是宣传"，对这一群人分外热情。或许张恨水也有一点点挣扎？但事实是"我们多半极熟，随便谈着话，还是'舄履交错'"——凡事一用到古词句，似乎就雅了起来——"尽管良心在说，难道真打算做个《桃花扇》里人？但是我没有逃席。"回忆这些往事时，张恨水身在1944年被日机轰炸得已经疲惫的山城，"这样的生活，自然没有炎热，也有点像走进了板桥杂记。于今回想起来，不能不说一声罪过"。他的心情，是悔，加上惆怅，还夹着一点甜蜜。

吴敬梓的时代，这些现代意识还统统没有，我们只看到秦淮娱乐在南京的生活中点染着无尽的色彩。"逞风流高会莫愁湖"那一回，通省戏子一百三十多班，杜十七老爷一封帖子发出，来了六七十个，"一个个装扮起来，都是簇新的包头，极新鲜的褶子"，轮番歌舞登场，好似今日选秀大赛，"到晚上，点起几百盏明角灯来，高高下下，照耀如同白日；歌声缥缈，直入云霄。城里那些做衙门的、开行的、开字号的有钱人，听见莫愁湖大会，都来雇了湖中打鱼的舡，搭了凉篷，挂了灯，都撑到湖中左右来看。看到高兴的时候，一个个齐声喝彩，直闹到天明才散"。

不只是这一日一夜的风光，大会之后，评委们出了花榜，挂在水西门口，六十多位旦角都按名次取在上面。那些取在前十名的小旦，相与的大老官都得意非凡，"也有拉了家去吃酒的，也有买了酒在酒店里吃酒庆贺的；这个吃了酒，那个又来吃，足吃了三四天的贺酒。自此，传遍了水西门，闹动了淮清桥。这位杜十七老爷，名震江南"。

这便是传唱千年的秦淮声色，在场的安庆人萧金铉、盱眙人诸葛佑固然目眩神迷，两百年后的扬州人朱自清、德清人俞平伯，也被逗弄得心旌摇荡。

江南乡试

杜少卿来到南京，要赁两间河房，却不料"今年是乡试年，河房最贵"。应试士子们争住河房，莫非为了方便拜夫子庙？

　　光绪二十三年（1897年），陈独秀随大哥等一众人到南京赴乡试。这是甲午之后，物价飞涨，米卖到七八十钱一升，猪肉则要一百钱一斤。到南京的第二天，陈独秀看守行李，同行的几位正人君子去寻房，午后寓处找着了，立刻搬过去。一进房子，众人都道："这房子又贵又坏，真上当！"找房的人也如是说。过了几日，才真相大白：当日找房子时，几个人明明看见房东家有一位花枝招展的大姐儿，坐在窗口做针线，等到搬进来，那位仙女便化作一阵清风不知何往。再一打听，这乃是南京房东招揽"考先生"的惯技，请来的仙女，有的是亲眷，有的是土娼。

　　然而考先生们住在河房，对住户来说并非全是美事。房东檐下的咸鱼、腊肉，固然不时会少上几块，夫子庙商铺的货品，有时也莫名其妙就不见。但敢于询问任何一位考先生，便有一群士子围上来，连打带抢，倒不如当初便装聋作哑的好。这些考先生在夫子庙市场大摇大摆，有时还如汤大爷、汤二爷一般，带着几个篾片，唱戏赌钱，"惟有到钓鱼巷嫖妓时，却不动野蛮，只口口声声自称寒士，商请妓家减价而已"。（陈独秀《实庵自传》）

　　他们是各县的精英人物，又是来应考，总会买买书看，准备准备吧？你看《桃花扇》里的书客蔡益所，遇到乡试之年，好不得意，自夸"天下书籍之富，无过俺金陵；这金陵书铺之多，无过俺三山街；这三山街书客之大，无过俺蔡益所。（指介）你看十三经、廿一史、九流三教、诸子百家、腐烂时文、新奇小说，上下充箱盈架，高低列肆连楼。不但兴南贩北，积古堆今，而且严批妙选，精刻善印。俺蔡益所既射了贸易诗书之利，又收了流传文字之功；凭他进士举人，见俺作揖拱手，好不体面"。

然而那大概只是戏台故事。晚清有位书商，署名公奴，到南京赶考兼贩书，做了一部《金陵卖书记》。据他说，南京士子，"四书"之外，只仗着一部《时务通考》了解新学，但是也只是翻翻，通读者绝少。小说书也不好销，因为当时的小说大都"开口便见喉咙"，真正好卖的，还是"生理学诸书"。那些考先生，"一见其图，喜跃不自已。然惟恐人之见之也，故来购必以暮夜。避师友，屏群从，伺人少时以只身来。其择取之也，指以手，而口不敢道也"。联想到陈独秀记述同行诸人，时到门前探望，远远发现有年轻妇女姗姗而来，他便扯下裤子蹲下去解大手，但又并无大手可解，只是要去"献宝"而已。如是，则江南乡试期间，南京是一个色情狂的世界？难怪曾国藩克复南京，首先做的两件举措便是开科举、复画舫，以恢复金陵的元气。

开科举、复画舫，这两件事原来是可以连在一起办，而且相得益彰，以前倒不曾这般想过。

市井风情

考先生也好，红倌人也罢，其实与南京的市民不甚相干，除去有时需雇几位姑娘去骗考先生，南京人大抵是在过着春宵、乡试、兵火之外的闲常日子。泰伯祠大祭之后，南京名士渐次星散，但南京生活仍然有它浓郁的情味：

> 话说南京城里，每年四月半后，秦淮景致，渐渐好了。那外江的船，都下掉了楼子，换上凉篷，撑了进来。船舱中间，放一张小方金漆桌子，桌上摆着宜兴砂壶，极细的成窑、宣窑的杯子，烹的上好的雨水毛尖茶。那游船的备了酒和肴馔及果碟到这河里来游，就是走路的人，也买几个钱的毛尖茶，在船上煨了吃，慢慢而行。到天色晚了，每船两盏明角灯，一来一往，映着河里，上下明亮。自文德桥至利涉桥、东水关，夜夜笙歌不绝。又有那些游人买了水老鼠花在河内放。那水花直站在河里，放出来，就和一树梨花一般，每夜直到四更时才歇。（《儒林外史》第四十一回）

这等时候，南京便不是文人雅士的金陵，而是清凉山下万千庶民的石头城了。正如"新生活运动"之后，秦淮艳氛稍稍减敛，"画船少了，笙歌歇了，再没有满楼红袖招人。至于那些古旧的茶寮，香味扑鼻的炒货店，随地招揽生意的花摊，仍都充满了乡下城里各种偷闲的人"，伴着高楼传来的胡琴檀板，将浓茶烧饼的香味细细咀嚼吞下，也照样能"生出无限的兴感"（方令孺）。

张恨水在巴山夜雨中怀想故京，最念念不忘的是夫子庙广场边的茶馆奇芳阁，他的《秦淮世家》开篇场景便是此处。报馆做事的人起得比常人晚，当张恨水8点到奇芳阁时，第一二班吃茶的公务员与商人已经散去，满地是瓜子壳、花生皮、烟卷头、茶叶渣，桌上有着六七个空碟子，大碗干丝汤汁，有个碟子剩着两个菜包子、半个烧饼。没关系，茶博士立时扫荡干净，接着送来你的专用茶壶。随着瓜子盐花生、糖果烟纸篮、水果篮，都来兜揽生意，卖酱牛肉的、卖报的，也凑过来听吩咐。茶楼里卖着点心牛肉锅贴、菜包子、各种汤面。

吃着陪都的平价米、腌咸菜，忆起的不单是美食，还有廉价：每大碗面，七分而已。还有小干丝，只五分钱。再要好，央求熟悉的茶房跑一趟，买两角钱的烧鸭，用小锅再煮一煮……张恨水吞一口唾液，写下一句："这是什么天堂生活！"

南京人不是只懂吃食，倘只有美景没有美味，南京又算什么天堂？汪曾祺写《金冬心》，金农送十张自己画的乌木灯架到南京，托袁枚代卖，结果原物被退回。袁枚的回信很有风致，不知是否有所本："……金陵人只解吃鸭脯，光天白日，尚无目识字画，安能于光烛影中别其媸妍耶？"

风雅总归要承平日久来涵养，一次次屠戮，一回回播迁，叫南京人如何真能留住超凡脱俗的风韵？何况这风韵也许只是文人的想象。杜慎卿等人在雨花台上走得半日，日色西斜，只见两个挑粪桶的，挑的两担空桶，歇在山上。这一个拍那一个肩头道："兄弟，今日的货已经卖完了，我和你到永宁泉吃一壶水，回来再到雨花台看看落照！"杜慎卿于是笑叹："真乃菜佣酒保都有六朝烟水气，一点也不差！"这两名挑粪的有六朝烟水气，不足以概括南京全城，否则，第五十五回"添四客述往思来"又何须标榜他们是"奇人"？

有年秋天到南京录节目，次早闲步至草场门大街，因为早，沿街开门的只有包子店、面店、烧饼铺，但隔三五家门面必有早点，热气氤氲，倒也点缀出晨光淋漓。这般时候，最好不要去想历史，想古迹。虽已吃过早饭，闻着扑鼻的面点香气，我还是体味到南京人对生活的温爱与动情。这片吴头楚尾的城市，这座性格模糊的古都，就像水西门外，走堂的对鲍文卿、倪霜峰报的菜名，家常、平易、无特色，却充盈着古来饮食的原始诱惑：

肘子、鸭子、黄闷鱼、醉白鱼、杂脍、单鸡、白切肚子、生燸肉、京燸肉、燸肉片、煎肉圆、闷青鱼、煮鲢头，还有便碟白切肉。

如何设计一个新首都

新首都，新计划

《首都计划》由民国时期一个叫"国都设计技术专员办事处"的机构编成。1927年宁汉合流，国民政府定都南京，首都建设计划就开始筹备了。1928年1月成立了首都建设委员会，由孙中山的儿子孙科领导。刚才说的这个办事处，是首都建设委员会下面的一个分处。

民国其实分成两块，1928年之前与之后，是不一样的民国。首都计划就是新的中华民国政府在南京建都的规划。

首都建设委员会聘请了两位外国人作为顾问来主其事，"其所计划，固能本诸欧美科学之原则，而于吾国美术之优点，亦所保存焉"。而中方参与此计划的团队，则是国都设计技术专员办事处，以主任林逸民为首。

《首都计划》这本书非常翔实，从南京的历史和地理的概略讲起，推测了南京今后一百年的人口规模，然后划定了首都的界线，包括中央政治区、市行政区等区域，讨论了建筑形式的选择、道路系统的设计、路面的修建、下水道的改良、公园和林荫大道的规划、交通的管理、铁路车站港口机场的修筑、公营住宅与学校的安排，还有市民生活必需的自来水计划和电力厂的设置，以及工业发展、城市设计和分区等，最后是说明怎么实施，包括款项怎么筹集……所以这是一本非常全面的计划书，设计了一个新的集政治、经济、文化于一身的中心都市。

五颜六色的中式建筑

由于首都计划的顾问是外国专家，所以你会发现整个规划不断地把中国跟欧美的城市——华盛顿、纽约、伦敦、巴黎这些大城市做比较，基本上是以欧美大城市为样板来设计的。

但是，谈到建筑又不一样了。作者认为建筑风格还是应该以中式的建筑为重，应该"光大发扬本国固有之文化"，包括"颜色之配用"。《首都计划》认为中国的建筑物是五颜六色的，跟外国建筑物"暗淡无华"迥然不同。之所以有些中国建筑物显得很俗陋，是因为颜色调配不当，现在要好好地调配颜色，就可以很漂亮。

书中没有举例。但大家可以看看中山陵的图片，可能那就是当时中国设计师心目中最合适的颜色和风格的搭配了，包括路灯，也采取中国的宫灯式，单灯或者双灯。

停车与公交

《首都计划》认为停车的规定是"最难解决的问题"，因为在繁华区域，道路的地价会非常贵。作者认为道路应该由一般民众享用，但是开车的人是少数，所以不应该在道路两旁划定停车位，否则就非常不公平。

设计者的解决方案是：第一，设计一些停车房；第二，要求所有新建的住宅、商店、货栈、办事处，必须自建停车场和装卸处，如果没有这些设计，不发给建筑执照。

马上又有一个问题，就是公交。《首都计划》极力反对使用地铁，根据欧美大城市的经验，人口在两百万以下都不需要使用地铁。而根据当时数据，作者推测南京要一百年之后才会达到两百万人口，地铁就不必要了。他们同样反对使用城铁，就是那种轨道架在城市上空的形式，认为这样会影响道路的使用，以及影响当地市民的采光。至于电车轨道，在当时已经过时，所以《首都计划》主张公共交通应该主要使用公共汽车。

住宅与拆迁

另外一点就是关于住宅的问题。住宅方面,《首都计划》特别考虑了低收入阶层的居住。作者提出,政府要建的房子就是供三种人住的:一是低收入阶层,二是被拆迁的居民,三是政府的职员。

根据其他国家的经验,房租不能超过一个月收入的百分之十至百分之二十,但是中国工人的收入本来就低,所以他们的房租不应超过百分之十,这样一来,房子的建造成本不能太高,不然没法把房租降下来。所以书中谈到了一个挺有意思的想法:参考中国传统的建筑方式,借用陶行知创立的晓庄学校的办法,用泥筑墙,用芦草为上盖,这样经济上比较节约,而且更卫生。此外,《首都计划》还提出好几个修建住宅的建议,比如地面铺沥青,墙壁也敷一层沥青,屋顶用锌铁皮掩盖,上面再铺一层厚泥,用三合土质的砖块作为间隔。

后来梁思成设计的西南联大新校舍就用了这样的建筑方式,铁皮做屋顶,用泥和三合土的砖块来做墙壁。电影《无问西东》里有一个课堂听雨的场景,一下雨铁皮屋顶便噼噼啪啪,吵得你连课都上不下去。

对于那些被拆迁的居民,《首都计划》反对给回迁房,认为补偿房屋没有意义,而且徒增争端,他们的建议是用拆迁款来补偿居民。但是书中说明,对于那些无力另建住宅的被拆迁居民，还是要给房。回迁房的修建方式，与上述工人住宅差不多。至于政府职员的住宅，分成一二三等，第三等跟上面说的差不多，另外两等有变化，书后有非常详细的公用住宅的建筑风格，多大面积，什么样子，有没有停车场、停车位等，都包含在建筑计划里。当时的计划者是非常用心的，整个计划很透明，向社会公开。

钱从哪里来？

最后要说到的是筹款问题。如果在六年之内完成首都计划，你猜需要多少钱？五千一百八十万！这笔巨款怎么筹集？有些需要中央政府筹集，比如中央政治区、铁路、港口、飞机场、市郊公路、城外运河、学校、政府职员住宅；应该由市政府筹集的是市级行政区、交通管理、自来水和市民住宅；还有的由市民直接负担，如街道、公园、路灯和渠道。市政府跟中央政府都要发行公债三千三百万，同时各省负担两千万，六年之内凑足这笔钱。

这笔钱怎么偿还？书里谈到房价的问题，当时南京的房价大概每平方米是十元，算下来全市的房屋总价大概三百六十万元。但是设计者认为等到十年之后，这个价格会暴涨，完全可以偿还政府借的五千万元公债。所以，这确实是一个很完备的方案。

全书最后一张图，是《南京地段价目图》。1928年的南京地价，哪里贵哪里便宜，一目了然。完美。

首都计划贯穿训政阶段

另外要提到的还有一点，这个首都建筑计划有一个政治背景。

首都计划是1928年提出来的，1928年是什么年份？孙中山的《建国大纲》提出建立民国，要分为军政、训政和宪政三个阶段。所谓军政时期，就是推行先军主义，以军事统一全国，这个时期政府实行的管理方法就是军管，一切以军事需要为优先。按计划来说，军政阶段于1928年结束，进入训政阶段。什么是训政？训政是军政和宪政之间的一个过渡，由国家实行某种意义上的计划经济，有效率地建设公共建筑和基础建设。交通、公共居屋还有政府建筑物，就是为社会确立一个样板。从训政再过渡到宪政，也就是国家交由国民自治。"军政—训政—宪政"这种划分是基于孙中山的认知，他认为国民素质没有到一定程度的时候，直接实行宪政是不可行的，这也是孙中山经过了民初的挫败之后，政治理念上的一个调整。

训政时期应该是什么时候结束？按照计划是1936年结束。这就是说，《首都计划》实际上是为训政时期准备的。

所以这个计划里，公私的界限、政府和民众的权利与义务的划分都非常有意思。

从政治的角度解读首都的设计，意味又不一样。它不是纯粹技术性的，而是带有很强的政治色彩，以政治需要为指导，给六朝古都南京一个新的建设方案。讨论中央政治区建在哪里，《首都计划》最后的选择是紫金山南麓，为什么？它强调中央政治区不要过多地损害已有的平原地带，或者那些繁盛的商业区，比如说紫竹林或者是明故宫一带，因为那些地方将来可以发展成很好的商业区。如果把它们划为中央政治区，有可能导致这些黄金地段变得地价低落，或者很难为市民分享。

这让我想起当年梁思成的北京方案，这中间其实是有相通之处的。从南京到北京，我们的建设有一脉相承的东西。总的来说，《首都计划》体现了当时的政治诉求，同时它也很好地体现了民生主义的一些方面，当然，还有古典主义或民族主义的建筑潮流。

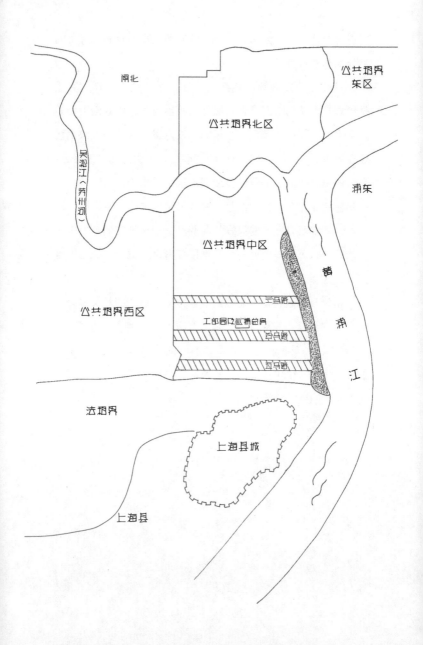

上 海

上海是不用介绍的都市。

常常被用来与北京比较，

"双城记"。

它越大，越迷人。

你就越容易迷失其中。

我的上海初印象

　　我相信二十世纪七八十年代上海以外的小孩都见过一个个或大或中的尼龙手提包，通常是深色，上面有大大的手写体或美术体"上海"，花体英文"Shanghai"，图是一幢幢高得吓人的摩天大厦，大一点还许画出一弯黄浦江与外滩。

　　这个包通常提在出差归来的长辈、亲戚手里，放下拉开，里面拿出一块块衣料、一条条丝巾、一包包大白兔奶糖，像哆啦A梦的口袋，又像渔童的聚宝盆。拎包人的手上，还可能戴着一块上海牌手表——你听说过北京牌手表吗？纽约？东京？香港？NO！只有上海，才配将自己的名字铭在那精巧的机械表盘上。

　　这就是上海留给我们的初印象。那是一个神秘的"远东"都市。小人书上说，1949年以前，那里是"冒险家的乐园"。鲁迅的墓在上海，一口四川话的陈毅市长在上海，哨兵头上的霓虹灯在上海，上海电影制片厂出品电影的片头，不是"八一"的军徽，不是北影长影的工农兵，是一块闪闪发光的翡翠一样的牌子，"上海"两个字是篆体，每次总让我想到贾二哥那块通灵宝玉。我得承认，我在上海待的时间太短，我对这座中国第一大都市没有切肤的体认。不怕诸君笑话，我是2000年才第一次去上海，又二十年过去，去上海的次数一只手数得过来。

谈到上海人，历来的评价总不大好听，"精明"咧，"小气"咧，"瞧不起外地人"咧，批评多得几乎形成一种共同的偏见。北京的出租车司机最喜欢和乘客聊天，但要是碰上一位上海阿拉，保管一言不发。参加旅游团，有些人随时随地会摸出一个小本子，念念有词地记：一罐可乐三元，一卷手纸两元……一问，是预备旅游结束后几个人分摊的。上海人，绝对是上海人。

所以我本不该对上海胡说八道。通常游玩一座城市只需要三天；要体味这座城市的感觉，至少要三个月；深入了解，三年；全面把握，三十年也未必够——多少生于斯长于斯的善良人，要看报纸才知道：啊?! 这个城市这么乱？有这样的事？

然而上海不同，它在中国城市中的地位、在全国的影响力，决定了它对于我不是一个"陌生的"城市。关于上海和上海人的想象太多太多，以至当我真正站在外滩的夜晚，会觉得这一切真是太熟悉了，就像第一次看见天安门的感觉，谁会觉得自己是"第一次"看见天安门？阅读这样一个熟悉而陌生的都市，所有体验似乎都成了一种印证，对记忆和想象的对照和修正。

第一次去上海，在南京路口闲逛，很快就口渴了。街头有"台湾珍珠奶茶"，招牌上写着：三元一杯，五元两杯。打折鼓励大家多买，各地皆有的生意经，总不能这也说成上海人的精明吧？我就买了一杯，交了钱，正等小姐给我炮制。突然有人点一下我的肩膀，一回头，是一位少妇，朝我说了一句上海话，看我在发怔，又用普通话说了一遍。其实她的第一句话我也听懂了，她说的是："阿要买？我同侬拼一杯好伐？"

我只好说："我已经买了。"少妇惊讶地重复："你已经买过了？"失望兼难以置信。刹那间我感到十分抱歉，因为她一定觉得我是那样的阿木林，自己多花了五毛钱不说，还害得她要为省这五毛钱另想办法。

各位，除了上海，会有哪个城市，一位少妇为了要省五毛钱，去点一个陌生男子的肩膀吗？我以前在广州的时候，每天要坐45路去上班，有一天（当然是在实行无人售票制以后）等车，我发现前面一位女孩频频回头瞟我，瞟得我狐疑起来。靓仔？显然不搭界。通缉犯？有一点像，不过发现通缉犯如果不报警就不要引起他注意才对。像她的男朋友？真没眼光……直到车来了，她显然不太情愿把手里的两元钞票塞进票箱，我才恍然大悟：她想问我有没有一元钱，好一起买票！她最终还是不好意思开口。

请不要误会，我对上海少妇绝没有蔑视或讽刺的意思，我只是觉得这就是一个城市的性格。我相信她不是为了省这五毛钱，不过既然商家提供了这样的机会，若不加以利用，那真是对自己智力的侮辱。这就是百余年来上海人在一个商业都市里历练出的精明，这种精明几乎已经成为一种本能，不是省不省五毛钱可以概括的。

当然，这种精明有时会让人觉得好笑。那天去逛——嗯，还是不要说名字吧，某商厦，那里有观光电梯直达十二层，可以饱瞰上海市容。看累了，走吧。电梯向下是不载客的！真是用心良苦哇，这在北京，在广州，在香港，都是不可想象的事吣！走楼梯，一层又一层，四周商品琳琅满目，看都不看。上海人真小气，哪有这样逼着人逛商场的！

可是，周围的上海人好像安之若素，心甘情愿地被迫在商场里逛来逛去，就像他们安然地穿过地铁里或许是不必要的长长的地下商街，这里的顾客也不比隔壁的什么大厦少。大概上海人就是这样，自己精明，也不拒绝堕入别人的精明，这样上海就成了一个精明的世界。别人看不惯，那是因为在别人的地方。在这里，一切都好。

比起上述的浮光掠影瞎三话四，我更熟悉的是历史的上海，《申报》与《图画日报》里的上海，老照片与月份牌里的上海，《海上花列传》与《歇浦潮》里的上海。那是作为"洋场"留在近代中国记忆里的上海。

洋场十里，华灯凄迷

　　上海在整个近代中国的地位是独特的，如果说近代中国确实在经历"数千年未有之大变局"，那么，上海无疑是这种剧烈变化的第一站。作为通商口岸城市，上海和内陆城市的风气差异，足以形成两个不同的"世界"。学者罗志田引用内陆省份山西举人刘大鹏的说法"中国渐成洋世界"（《退想斋日记》），而这"洋"世界，最先也是最集中地反映在上海的城市发展和文学想象中。1842年，上海开埠，自此它的命运变得颇为耐人寻味：它是东西方世界的相遇点，也是两种文明的碰撞之处。很快，它成为中国最现代化的城市，在与西方的不断接触中，重新塑造自己的城市面貌。

　　当同乡好友向《新上海》的叙事者陆士谔提出"来上海逛一回子"的要求时，陆士谔回信："上海时髦世界，似吾兄这样古道，恐未必相宜。"在陆士谔看来，"不慕荣利，不求闻达"的中国传统士人与上海的现代气质格格不入。果然，他这位好友在上海游历一番之后，"气也气死了"，只好逃回家乡。按照清人孙宝瑄的说法，周边城市与上海的风气差别，几乎达到五十年之久，而内陆北方与上海的差异，足足有一百年。（《忘山庐日记》）

李欧梵在《上海摩登》中以"摩登"来标识上海这座城市的独特性。"上海摩登"的面相相当丰富，在他看来，标志着西方霸权的建筑在这里层出不穷：银行和办公大楼、饭店、教堂、俱乐部、电影院、咖啡馆、餐馆、豪华公寓及跑马场等。"它们不仅在地理上是一种标记，而且也是西方物质文明的具体象征，象征着几乎一个世纪的中西接触所留下的印记和变化。"这种亲密接触对文学的影响显而易见，"城市体验"成为这个城市作家的文学母题之一。有意味的是，为这些精彩的城市文本提供最基础的物质依托的现代印刷术和近现代出版业、传媒业，也源自西方。

唐振常在总结上海人对西方现代性的物质形式的接受时，得出这样的规律："初则惊，继则异，再继则羡，后继则效。"（《市民意识与上海社会》）上海的城市文学也经历了类似的经验变化，从清末民初小说中对"西洋景"的"震惊"体验，到二十世纪二三十年代，新感觉派作家以欣赏、羡慕的眼光展示上海的摩登面；再到20世纪40年代，成熟的海派作家在小说中有意识地将西洋元素作为建构城市品格的素材之一，加以复制和利用。这些文本，特别是丰富的小说文本，共同构建出精彩的"上海传奇"。

想象你是清末民初的一个外地的游客，第一次来到上海，当地亲友为你安排的节目中必定包含以下几项：吃西餐、逛租界、坐马车，时间凑巧的话，看赛马会和水龙会也必不可少（《沪游杂记》）。这些旅游项目都是典型的"西洋景"，当一个上海人带着外地人游走于这些西洋景之间时，他要突出的无非是上海的"独特之处"——这个城市和内陆城市的不同。

怎样区分这里是不是租界？

进入这座城市的游客稍不留神，便容易闹笑话甚至是闯祸，原因也是上海的租界属于"洋人世界"，这里的种种条例和内陆大不相同。被视为旅游指南的《沪游杂记》，专门介绍了租界例禁，其中如"禁道旁小便""禁路上倾积垃圾""禁沿途攀折树枝""禁聚赌酗酒斗殴"等，对内陆人来说，都是必须提醒再三的。晚清小说《官场笑话》开头，一位内陆来的"老爷"因为随地便溺被巡捕抓走罚款，巡捕说："你既犯了我们租界的章程，我就有权力拖你到巡捕房里去，管你什么老爷不老爷！"

晚清上海通俗小说在描写租界时心态复杂。一方面租界的存在本身便是中国的屈辱；而另一方面，不少晚清文人在小说中表现出对西洋人治理租界、维护城市秩序等能力的由衷赞叹。在《人海潮》里，当一个人向朋友抱怨，他到上海一个多月，仍然分不清哪里是租界、哪里是华界时，朋友告诉他，盲人乞丐都知道得清清楚楚："一脚高一脚低的地方，总是中国地界；平平坦坦的道路，总是外国租界。"陆士谔认为这一点正反映出中国与西方不同的特性，他在《新上海》与《最近官场秘密史》里反复申说：外国人眼光长远，经常修理马路，因为"钱也省，路也平，行人也便当"，而中国人只知道建设，不晓得修理，目光短浅，不仅修路如此，各项事业都这样。

《新上海》中刚从内陆来的梅伯目睹了上海的美好风光，也不禁"心旷神怡"，但是问题马上来了：江边排着几只公椅，梅伯想去坐着看看江景，上海朋友却告诉他，这些椅子是租界当局置办的，任何国家的人都可以坐，只有中国人不能坐。而且，"上海凡公众游散的地方，像公家花园、跑马场，他国人都可以自由出入，只有中国人则画若鸿沟，不能越雷池儿一步。就是各洋行的门，中国人也不能从正门里出入的，只好在后门进出呢"。

在此，租界作为西方形象的代表，在上海通俗小说中的两面性完全展露：它是进步的、文明的，却不是为中国人准备的，它是在中国的"另一个世界"。

吃西餐，看马戏

不管中国人面对以"租界"为代表的西方世界会有何种

复杂的心态，不容置疑的是，近现代上海作为中国最繁华的都市，标识其繁华程度的指标之一，便是在这座城市中长久风靡的各类西式娱乐和西式生活方式。我们已经不能将这种源自西方的生活因素局限于上海洋人或者租界居民身上，在记录上海繁华生活的通俗小说中，西式娱乐早已渗透于普通上海人的日常生活，构成上海城市文化中标识性的组成因素。

尽管华洋有别，但上海引以为傲的特色都与西方息息相关。外地人到上海，除了人人向往又不便轻言的"逛堂子"（嫖妓），新鲜的娱乐不外是"坐了一天的马车，到张园、愚园逛了一会子，到一品香吃一餐大菜，又到南市新舞台瞧了一本戏"，这一来，"上海可玩的地方，差不多都玩遍了"。（《新上海》）坐马车是配合上海西人春秋两季赛马兴起的风俗，"男男女女，都打扮得花杂儿似的，坐着马车，到张、愚两园泡茶，绕马车兜圈子"。

看戏讲究看外国马戏，地点一般是在虹口百老汇路，如梦花馆主《九尾狐》中所写，"盖着一座大布篷，四围都用白布遮满，当中开着一扇门，有几个印度巡捕看守"。场上布置与中国戏园不同，居中不搭高台，四周用栏杆围绕，上面挂着无数电灯。座位分为头等、二等、三等。三等座位"却无一个西人在内"，二等座位中西参半，头等则华人寥若晨星，只有官吏买办或高等妓女才会入座。上海观众最爱看的，一是西人将头放进老虎或狮子的口中——那时的中国卖艺者大多只能弄一只猴子来变戏法；另一种受欢迎的节目，是年轻西人女子在马背上表演杂技，作者赞为"虽无出塞琵琶曲，绝胜登场卖解流"，意即外国马戏远远胜过了中国传统走江湖卖艺的水准。

"吃西餐"，在上海人心目中一度是时尚的象征。其另一名称是"吃大菜"，西餐被称为"大菜"，就味道来说，大多数中国人并不喜欢。但赶时髦的人都以一尝西餐为荣。尽管许多传统文人批评，西人肴馔，俱就火上烤熟，非酸辣即腥膻，令人"掩鼻不遑"（黄式权《淞南梦影录》），但"一家春""一品香"等番菜馆，以"装饰之华丽，伺应之周到"著称，也是时尚的象征之一。因此时髦人物，如洋装少年与高等妓女，都争相捧场。

在通俗小说中，"吃西餐"这一情节出现在不同场合，所承担的叙事功能也迥然不同，其中最常见的叙事功能包括以下两种。其一，"吃西餐"是奢华时尚的生活方式，它成为上海的中上层阶级的待客之道，其不菲的花费本身，便是身份地位的标志。《人海潮》中，从北京到上海做生意的李大人（前清翰林），一到上海，在有名的西餐馆"一苹香"连着吃了几次西餐。头一次是两个人吃，要了一个大房间，光是房间费就要"五块半"；而后一次是中菜西吃，点的菜包括油汆土司（把土司中间挖空嵌入虾仁，用葱缚住下油锅汆）、奶油清翅、出骨鹌鹑、生炒香螺等。同席的客人问："这席菜，价目怕不便宜？"李大人的回答是："有限得很。"

显然，这样新奇奢侈的菜品才能配得上李大人的身份地位。

其二，"吃西餐"过程中凸显的中西方饮食习惯的不同，使得它成为一道"试题"。通过者被视为对西方文化有所了解、见过世面的新派；反之，在"吃西餐"过程中闹出笑话的人，则往往沦为小说讽刺挖苦的对象。这类笑话当中最常出现的，莫过于不会用刀叉、不习惯西餐的生冷食物、不懂西餐礼仪等出糗行为。如《文明小史》中，姚文通被请吃西餐，最不能下口的便是一道牛排，拿刀子割开还是红通通的。况且中国人有不吃耕牛的习惯，因此西餐中的牛肉总是不受中国人欢迎，一直到20世纪20年代的上海小说中仍然如此。大小姐请乡下来的准婆婆吃西餐，先要吩咐把牛肉通通换掉。（《上海春秋》）《官场现形记》中的抚台大人要宴请洋人，也要请专人来开菜单、准备餐具、教导仆役礼仪等。而宴会上，行伍出身的洪大人把漱口水当作饮料喝，又因为自己削水果把指头削破，将一碗洗手水染得通红。一连串事故显然颇让宴会的主持者难为情。

番菜馆为了调和其中的矛盾，甚至推出了"中菜西吃"，如《人海潮》中的"一苹香"便提供这种就餐方式，非常普通的中国菜，把菜分到盘子里，客人分别用餐，也就变成了一种"大菜"，给主人脸上多添了几分"文明"的荣光。

除了西餐，我们在上海小说中屡屡看到的西方生活方式还包括：用西式家具铺设房间，特别是当红妓女，常以此来展示其时髦程度。如孙家振《海上繁华梦》中，一堂标准的洋家具包括："四泼玲跑托姆沙发一张，又沙发一张，叠来新退勃而一只，狄玲退勃而一只，华头鲁勃一只，开痕西铁欠挨两只，六根掰拉司一只，华庶司退痕特一只，辨新脱勃一只，次爱六把，梯怕哀两对，及特来酸等一切器具。"这在今天看来，真是名副其实一笔糊涂账。好在作家留下了谜底，以上这些翻译成中文如下：四泼玲跑托姆沙发是一张弹弓交子铁床，沙发一张即睡榻，叠来新退勃而乃梳妆台，狄玲退勃而是大餐桌，华头鲁勃是衣橱，开痕西铁欠挨是藤坐椅，六根掰拉司是穿衣镜，华庶司退痕特是面汤台，辨新脱勃是浴盆，次爱乃交椅，梯怕哀是茶几，特来酸等一切器具是大菜台上的碗碟等一切器具。

而在交通工具方面，不管是骑自行车，还是开汽车兜风，都在都市新贵阶层中流行。这些工具不仅承载交通的功能，更是生活姿态的展现；而看西人的赛马、赛狗等一系列活动，也成为中国人休闲生活中的盛事。在《海上繁华梦》中，两个朋友一起到上海游玩，一人因担心其友沉迷于花花世界，提议回乡，而另一人不回乡的理由是过两天便是西人赛马会，一定要开开眼界。

有意思的是，在西方人自己的回忆中，赛马会给城市周边的农民带来了不少困扰。安排的路线经常会穿越他们的田地，因此农民用自己的方式"惩罚"参赛者，例如故意改变路标，把选手们引入发臭的河水中（《上海的英国人》）。但这类矛盾似乎从来不曾进入中国小说家的视线，上海通俗小说中呈现的"赛马会"，永远是城市繁华的集中展示场所。

正是这逐渐渗透于上海城市各阶层的西式生活方式，使得上海"洋味"十足，而在中西杂糅的背景之下，西方人的形象不像在内陆身份那样"特异"。从某种程度而言，上海人接受西式的娱乐、生活方式这一行为本身，便表现出这个城市面对西方世界的心态：好奇、羡慕、效仿，当然，其过程中也有不屑和拒斥。上海的"西洋景"渐渐成为这座城市特有的一道风景，而在这道风景中，"西洋人"的形象也渐渐清晰起来。

大班统治上海

在美国人霍塞看来，统治上海这座城市的并不是中外官员，而是"大班"或"上海先生"，也就是最先来到上海经商的西方商人们。他在《出卖上海滩》中详细记叙了"上海先生们"的冒险史和他们最终在战火及政治格局的改变下不得不退出这座城市的结局。

对于中国人来说，洋商并不是敢于冒险的英雄，他们只是借助强势进入这个国家，并想尽一切办法来赚取利润，"唯利是图"成为他们大多数人的标签。事实上，正是在鸦片战争之后签订的《南京条约》中，上海被规定为五个通商口岸之一，从此对西方敞开大门，而洋商在中国所能获得的最大利润，无疑也来自鸦片这一充满罪恶的交易，因此，洋商在中国的形象可想而知。首先，他们是强势的，居高临下，且利用这种身份巧取豪夺；其次，他们在面对中国人时傲慢无礼，哪怕是面对官员；再次，他们在中国的生活奢华而无节制，并享有大量特权。这一切在当时的小说中都有所展现。

因为职业的关系，大小洋商在日常生活中大概是和中国人交往最多的西方人。在一系列的官场小说中，洋商的形象至少有一个类似点，即利用中国官府的"惧洋"心理，欺压中国百姓，寻求最大利益。当然，此类小说与其说在批判洋商，莫如说在讽刺中国官吏的无能黑暗，洋商在这些小说中既没有名字，也不存在性格描写，更像是一个"符号"。如《官场现形记》第五十三回，有一个治下极严的制台，面对洋人却唯命是从。他治下发生两起"涉外"案件：一是一个洋人从中国人手里买地办玻璃公司，却被骗了；一是洋人负责讨债，逼死了一个中国人，引起众怒。而制台的处理原则是："洋人开公司，等他来开；洋人来讨账，随他来讨。总之，在我手里，决计不肯为了这些小事同他失和的。"

在展现洋商形象的小说中，《海上繁华梦》是比较特别的一本。在《海上繁华梦》中，最先登场的洋商是大拉斯，小说中描写他"年纪约三十左右，虽是个外国人，讲得好一口中国话，一样叫局揸拳"。大拉斯混迹于一群中国的浪荡子弟之间，其行事方式、生活习惯似乎并无多少不同，打麻将、叫局，甚至用中国话开玩笑，无一不会，只有偶尔从口中蹦出的"佛哩孤得"（very good），提醒读者这是一个外国人。结果由于生活放荡，他被国内的上司解雇归国。大拉斯在小说中的功能其实和他过从甚密的败家子弟没有多大区别——警醒读者而已。不过，作为洋商的大拉斯在这个小社交圈中的频繁亮相，确实渲染出上海这座城市特有的洋场氛围：洋商和普通中国人的密切交往只有在这里可能实现。

《海上繁华梦》的下部，登场的是另外两个洋商：麦南和富罗。麦南替自己的两个中国朋友打抱不平，答应为在赌场上被骗的他们讨回公道，也由于他的洋人身份，官场对他代禀的这一案件相对重视。而富罗第一次出场便是喝醉状态，此后更借助麦南之口，说出他酒性不好，经常喝醉闹事。富罗结识了假洋人"贾维新"，从此两人常常结伴出入青楼，每每生事，殴打妓女、摔坏东西、随地呕吐……富罗在小说中是典型的反面角色："一来他脾气不好，动不动要乱撒酒疯，二来他自从认得了贾维新，学了许多坏处，吃酒只花下脚，节上边没有酒钱，局账更是不必说了，一齐多写入漂字号里。人家见他是个洋人，当面只是没奈何他，背后却咒骂得个不可收拾。"

这类洋商形象的出现，其实已经将洋商纳入上海的日常城市生活之中，他们在小说中的行为举止或严谨，或放荡，或小心，或滋事，其不同面相的呈现已经使得他们的性格不再是用"洋商"的单一标签所能概括，这是否也说明，西洋人的形象在脱离了最初的"奇"之后（强调中西之别），已经进入可以被"平视"的更丰富的阶段呢？综观20世纪20年代到20世纪40年代上海小说中的洋人形象，答案显然是肯定的。不单是洋商如此，总的说来，西洋人的形象在上海的小说中越来越日常化、多样化。他们被关注的原因和重心不再是"洋人"这一身份本身，而是他们的日常生活、他们的文化心理等。换句话说，他们不再只是"洋人"，他们终于回归普通"人"的行列。

洋官与巡捕

上海开埠初期，英租界的司法权仍由官府掌握，领事馆的意见成为影响官府的因素之一。但1853年小刀会起义后，租界内避难人数剧增，导致各类案件数量陡升。出于对中国官府办案能力的不满，英国领事最终签订章程，规定在租界内拘捕华人，须取得英国领事同意，无约国人犯罪，均直接由他处理。在随后的发展中，租界的司法机构逐渐成形，最终租界成为一个特殊的司法管辖区，并拥有中西混合式的法庭。

1869年，会审公廨在英租界出现，专门负责审理租界中的各类案件。在其创办初期，日常审理的案件多半是小偷小摸、夫妇离婚等小事。由于善断家务事，洋公堂在当时的竹枝词中形象甚好："好似春风凭作主，朝朝总为判花忙。"除此之外，这里审理的案件多为初入租界的乡下人因触犯禁令而引起的。罗苏文指出，会审公堂的司法规则与实践是历史性的跨越：华人首先是在租界的法庭上学习到运用法律维护自己的权益。法律的至高权威首先在租界得到确立。（《上海传奇》）

　　也因为租界的这一管理制度和司法制度，使得租界内外的洋官员在小说中的面貌大不一样。在风气相对闭塞的内陆，华洋冲突相对容易爆发升级，因此洋官员总是在此类冲突中以较为蛮横强硬的形象出现。例如《官场现形记》中，驻江宁的两江制台不留心在领事馆附近处决了一个中国犯人，就引来了领事的抗议。

　　而在租界负责审理案件的洋官员、维护治安的巡捕，在某种意义上，是法律正义的象征。会审公廨的场面在晚清小说中屡屡出现，而巡捕们缉拿罪犯的身影也成为晚清小说中一道颇为独特的城市风景。《新上海》中这样描写"洋公堂"："见那衙门是外国式筑造的，两人走进，见中西官员已在那里开审。左首坐的中国官，右首坐的外国官……只见巡捕、包探一起一起把案子解上来，有拆梢的，有打架的，有雉妓拉客人的，有拐卖妇女的……有华人控华人的，有洋人控华人的……"

　　在《续海上繁华梦》中，怀策等一群人以开设总会为名，私立赌场，骗取无数钱财，后来遂由治之找到一个热心办事的英国商人，由他出面，写信至巡捕房检举，经中西包探联合出手，才一举消灭赌窝，为地方上除去一害。小说中的一班反面人物，大半都因各类案件被拘捕至公堂，或禁闭狱中死去，或被逐出租界。一系列情节的设置，包括洋人严肃办案、不徇私情等，显然都表明作者要将租界洋人的法治作为一种正义的象征。

依法管理租界，使得租界内的社会秩序、城市环境更加有序，显然也赢得中国人的赞赏。《续海上繁华梦》第六回，纨绔子弟戚祖诒登场，某晚在妓院吃得大醉，走到马路中间发酒疯，拦着过路的马车不让走。这时，路上来了一中一西两个巡捕，将他押回巡捕房关了一夜，次日清醒后申斥放出。小说写到，他身上搜出的各物，一律归还，一件也不少，且"一个钱也不要难为，一些儿也没有受苦，只在押所内住了一夜。此因捕房中例禁需索，查出必定重办，不比中国衙门局所，动不动耗费重重，真觉不可同日而语"。该书第十八回又记叙曾小溪借着酒兴，让马车飞速奔跑以致失控，"后来直跑到大新街上，来了两个有肝胆的西捕……预先备有七八尺长的一幅洋布，急忙左右站着，将这布料抖将开来，尽力扯住两端，仿佛在马路上打了道墙"，这才阻止事端。次日车主在公堂会审，中西官员判决赔偿各类损失、医药费等，使得受害者在"堂下边口颂青天，欢声大作"。

类似情节在近代上海小说中一再出现，其背后所带出的是中西方完全不同的法律观念和城市管理经验。在这方面，西方人充当了中国人的"导师"，这也难怪在上海小说中出现的洋官员、巡捕的形象在西洋人形象中一枝独秀了。随着历史的前行，租界制度的变化调整，会审公廨最终成为历史名词。在民族主义日益高涨的20世纪，上海小说中洋官员的形象日益减少，西人巡捕（包括印度巡捕）的存在更多地被视为国家主权不完整的耻辱象征，他们的形象也在悄然经历着新的变化。

买办和西崽

中国人对"买办"和"西崽"的态度相对复杂，总的来说，多数中国人对他们持一种蔑视的眼光。他们被视为"洋奴"，身为中国人却甘心为洋人做事。这使得他们在品性上具有不可弥补的缺陷，因此不论最后是否能成为大富之人，他们在小说中出现的面貌总是不那么讨喜。

"西崽"一般用来指称在洋人手下打杂，或者在西餐馆、西洋百货店等处工作的伙计，他们的身份相对较低，从事的工作也不受人尊敬。小说中常常出现的是西餐馆的西崽，不过其形象相当单一，和中国餐馆内的同行相比，并没有什么特别之处，只是收取的小费似乎比后者丰厚。身份特殊一点的，是在洋行工作的西崽，又分为"房里的"和"写字间"两类。写字间西崽相当于实习生或者最低级的职员；"房里的"则比较特别，《新上海》中说这一类西崽"房间里一切事情都要他做的"，例如"洗马子、倒便壶、洗澡擦背等等"。做这样低贱的工作，服务对象又是外国人，他们在国人心目中的地位可想而知。不过《新上海》中的这个西崽，因为做事巴结，颇得洋主人的信任，很快升到管家。几年后，他成了洋行的账房先生，帮主人做生意的同时，自己也找机会大做房地产买卖，前后不过十多年，居然就积累了八九百万的家资，成为上海的首富。

"买办"的身份高于"西崽"—— 这一称呼来自"comprador"一词，中文音译为"康白度"，原意是采买人员，翻译为"买办"。清初，买办专指居住在广东十三行的外商服务的中国公行的采购人或管事，后来逐步发展为特指在中国的外商企业雇用的居间人或代理人。买办是一个特殊的经纪人阶层，具有洋行雇员和独立商人的双重身份。和西崽一样，"买办"介于"华洋"之间，且往往因为懂外语而在居中交易时占中国人的便宜，其形象自然也不见佳。

在20世纪早期的通俗小说中，买办在中国人眼里，除了洋奴这一身份，更可恶之处在于他们常常仰仗洋人的力量，在生意场上进行不公平竞争。《海上繁华梦》中最先出场的买办"说得好一口'也斯渥来'的外国话，写得好一手'爱披西提'的外国字，在西人大拉斯开的大商洋行做买办"。这个人打扮得异常华丽，花钱极其散漫，其实"内里头却也有限"。书中给他安排的下场相当凄凉：他的老板因为出入妓院，名声不好，被召回国，他自然也跟着失业，"听说今年坐在家中，没出过门"。

使买办形象更复杂化的，是20世纪30年代在上海流行的左翼文人创作的小说，买办资产阶级作为西方资本在中国的代言人，成为左翼小说批判的对象之一。其中最经典的文本当数茅盾的《子夜》，通过买办资本家和民族资本家之间的残酷竞争，展示了中国民族资本在当时的政治环境中无力成长的时代悲剧。小说中倚仗外国金融势力最终击败竞争对手的买办资本家赵伯韬，其人物性格的复杂也远远超过了早期小说中的"康白度"们，成为其阶层颇具代表性的人物之一。

要言之，在上海开埠已久，华洋社会已界限渐泯，但又尚未"工业化"，成为中国最大的工业城市之前，也即马克思关于资本与阶级的理论尚没有足够的剖析对象之前，"西方"与"西方人"，在上海通俗小说中，仍是被放置在传统社会的框架中加以叙述与想象。在已经尝到西化甜头的上海人眼里，西方的路政、法制、器物，都是较之老中国更先进的，而洋人，也不再像开埠之初那样非我族类，难以理喻。国既未亡，街市太平，正不妨以洋为时尚，傲视尚未开化的"乡下"——即使是京师人，也须到上海才能吃到地道的大菜，看到原装的西洋把戏。

小说在中国传统社会中，不承担卫道的使命，这就使通俗小说作者在看待迥异于中国社会的"乱象"时，比起《沪游杂记》《淞南梦影录》等文人笔记，多一份平和与趣味，也更贴近上海市民的真实心态。而众多小说在不经意间，构造的是一个畸形而虚幻的"消费社会"，它借助外来资本的输入与内陆资源的输出，实现了当时中国国力远不足以催生出的"洋场风景"。这种描写，笼罩了对于日后关于上海的叙述与想象。从日后的左翼小说到"新感觉派"再到跨越数十年后卫慧、郭敬明甚至王安忆的上海书写，叙述者历尽沧桑，上海作为西方镜像与中国内陆的差异化描写却历久弥新，这几乎已经是内在于上海的某种文学基因。罗大佑《上海之夜》中唱道："洋场十里，华灯凄迷。"照亮这十里洋场的，毕竟还是凄迷的"华灯"。中国的叙述者也必得在这难描难画的已化入骨血的西洋景里，才能照见这座都市的独特、瑰丽与孤单。

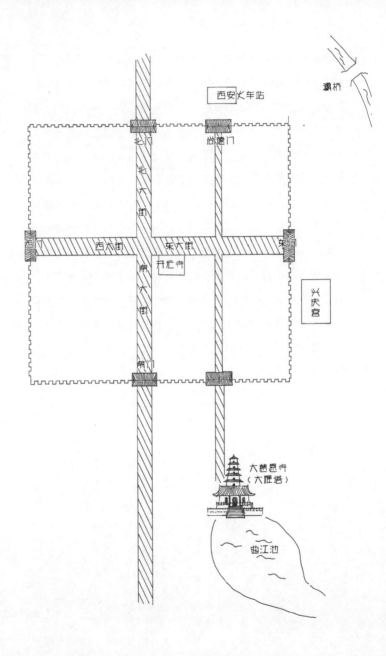

西 安

“长安”是中国历史上
所有首都的代称。
它的古意总是会从
每一块砖瓦中氤氲出来。
每一个中国文人
都怀着朝圣的心情到来，
带着惘然的感慨离开。

长安月

　　我是习惯把西安呼作长安的。"长安"这个词似乎很有些魔力，让人念起来禁不住悠然神往，一句"举头见日，不见长安"能让我想上好半天。

　　自古以来，长安已成为中国首都的代名词。纵观中国历史，没有一座城市能像长安那样享有如此煊赫的地位。

　　长安的极盛期在汉唐，尤其是盛唐。当时的长安在亚洲，有如近代伦敦之于欧洲、现代纽约之于世界。举世风流，荟萃于此，交通百国，吐纳万物。气势之宏大，地位之尊崇，让每个中国人千载之下，仍然自豪不已。

　　今天的西安，是一座半现代化的都市。只有那棋盘格似的大街，那依然拥抱着西安的古城墙，还有就是西安话里的许多单字词，保留了一点儿汉唐的风韵。历史在这片土地上刻画了太多的痕迹，一道又一道，一层又一层，前面的也就湮没无闻了。只剩下一排排史书，静静地立在书架上，浸透了当年的辉煌。

西安火车站的出口，遥对着尚德门。当我经过古朴的门洞时，心里一阵莫名的激动。一千两百多年前，也许就是在这里，一位大诗人，高吟着"我辈岂是蓬蒿人"，飘然踏入了长安城。然而，不久以后，他又不得不黯然离开。腰间的剑还在，却只能"拔剑四顾心茫然"，满腔豪气，已然减弱了许多。

中国古代的文人与官场是密不可分的。作为大唐首都，长安自然成了文人的圣地。不只是李白，王维、杜甫、白居易、韩愈、柳宗元、刘禹锡……都来过，又都走了。这些文豪或短或长的驻留，为霸气四溢的长安添上了颇为浓厚的文化色彩。

长安有巍峨的大明宫，却不存在一座缪斯的殿堂。皇帝们只为文人们准备了侍从之臣的职位，允许他们卑怯地从宫殿边门出入。而皇城中只有波谲云诡，没有清风明月，满腹的文思才情也容易被车轮马蹄捣得粉碎。胸襟疏朗如李白者，除了用"云想衣裳花想容"这类轻巧之作博得明皇杨妃一粲，也只能"长安市上酒家眠"。长安的文人不可能拥有自己独立的文化人格，酬酢唱和之间也只能吞吞吐吐，虚应故事。淡淡一句"玄都观里桃千树，尽是刘郎去后栽"，就足以让作者流放数千里之外。在这种情形下，长安文坛少有佳作，不足为奇。

文人也自有他们反抗的法子。"天子呼来不上船，自称臣是酒中仙"自然是夸张，但也可以带给平日小心翼翼的文人们很大的慰藉。《李谪仙醉草吓蛮书》更是丰富想象力的产物，丞相磨墨，力士脱靴，文人出尽风头，解气得很。这类精神胜利法使文人们在谨小慎微的外套里偶尔也能笑傲一下。但在皇权专制重重压迫之下，这样的反抗太微弱了。

于是，只有当文豪们或因政事，或罹文祸，或避战乱，纷纷收拾行装，不太情愿地离开长安后，他们才终于从压抑的氛围里释放出来。面对渭城朝柳，倾听巴山夜雨，胯下的瘦马在蓝关风雪中踟蹰时，他们的诗意灵气才会从纷纭世事里跳将出来，为后世文人写出一份万古不灭的自信。

于是，文学史上才会有"盛唐气象"这个激动人心的名词。远离长安，也许是一心"货与帝王家"的贬官和文人们的大不幸，但正是中国文化的大幸。

这样杂乱地感慨着，我登上了城墙。正是落日时分，整个西安城披拂着金黄色的余晖。没有大旗，也没有萧萧的马鸣，汽车的河流在道路上涌动，喇叭声不绝于耳，仿佛有意要和古城墙形成鲜明的对比。垛口的几株衰草，在风中弯下腰去，很难受的样子，让人想起闲坐说玄宗的白头宫女。

月亮渐渐地升了上来。周围的景色转了清冷，城市的轮廓慢慢地沉入黑暗。城墙下黑沉沉的一团，据说就是虾蟆陵。"笙歌归院落，灯火下楼台"，自然是不得见了，当年的满楼红袖，而今已尽归尘土。倒是西安人在城墙上开舞会，电贝斯和沙铃声隐隐传来，大有梨园的遗风。

此情此景，当然会让人想到"长安一片月，万户捣衣声"，于是又想到了李白和他的同行们。他们将长安写得这么美，而长安偏偏排斥他们的存在；后世的人们又是从他们的诗篇中——不是在正统的史书里——认识了活生生的长安。到了现在，大明宫在哪儿？长生殿在哪儿？人们还记得几个天潢贵胄？即便是像我这样慕名访古的游客，也只能对着面目全非的故地，慎终追远一下而已。今日的西安毕竟已非当年的长安，大唐的太阳早已落下。但长安的月亮，将与这些落魄的贬官、文人的名字联系在一起，千秋万代地悬挂在人们心中。

个人与社会、当下与历史，它们之间的关系，谁说得清呢？

月亮更高了。人群也将散去。今夜的月亮和唐朝的一样，默默地看尽了历史跟人类开的大大小小的玩笑，一句话也没说。

西望长安不见家

长安不见使人愁

1924年8月3日，西安易俗社从一位客人手里接过了五十元银洋的捐赠，还有一方题额曰："古调独弹。"其时，这位客人的名位尚不甚显，介绍人说起来，不过是"北京大学讲师，教育部社会教育司佥事周树人君"。当然，后一职位于易俗社而言，正好是"现管"——凡社会通俗教育、文化传播，社会教育司均有管理、奖掖之责。大概鉴于此，同行十二位学者、记者，便由他做了代表。

后来，这一事件被大肆宣扬：鲁迅到西安，拢共廿二天居留，便到易俗社观剧五次，又是赠款，又是题匾，足见先生有厚爱于易俗社，有厚爱于秦腔。对此，我是持怀疑态度的。自鲁迅生平笔墨观之，他于戏曲并无嗜爱，小时候看社戏，无非是欢喜那一点野趣与放荡，入京、居沪，日记中几乎没有看京戏的记录，偶一为文提及，总是透出一份新文学家共有的不屑。至于顺笔刺伤了梅兰芳博士，更是日后京剧界人士心中的隐痛。要说鲁迅喜欢那"西皮流水"源出的秦腔，很难让人信服。

我将鲁迅在西安对易俗社的屡屡眷顾，更多地理解为职务行为。他接触易俗社编剧、绍兴小同乡吕南仲，鼓励吕用较新的思想观点改编旧的秦腔剧目，正如他以教育部的名义表彰周瘦鹃译的《欧美名家短篇小说》，并不代表他对鸳鸯蝴蝶派的笔调有任何认同——他更欣赏的是普及文化、转化传统的努力罢了。

不过，鲁迅答应去西安讲学，仍是很值得书写的一桩"盛事"。这并非因为鲁迅日后的大名与尊位，而是他答应去西北大学"暑期学校"本身，殊属不易。

我们先来看鲁迅与西北大学的关系。国立西北大学，成立于1923年9月。也就是说，当校方派办事员王捷三于1924年6月往北京聘请暑期学校教员时，该校成立尚不足一年。而王捷三与鲁迅的关系，不过是其中学同学王品青曾在北大受教于鲁迅，西北大学校长傅铜又是王品青的同乡。这层关系，老实说，薄弱得很。

而且不少回忆文章提及，此次暑期学校之设，是陕西省省长刘镇华"附庸风雅"之举，否则西北大学也出不起每人二百大洋的高薪。河南来的军阀刘镇华，是陕西人深恨的当政者，鲁迅自然极不满其政务行事，因此当7月30日赴陕西讲武堂讲学时，仍然坚持讲小说史，不肯答应刘镇华"换个题目"的要求，弄得刘省长"怒形于色"——次日，《新秦日报》因透露刘省长"怒形于色"被勒令停刊数天，足见刘镇华的存在，只会是阻止鲁迅西游的因素。

最后要说的是从北京赴西安的难度。时代发展太快，我们今日已很难体会从北京至西安的一千一百公里高速路会给这趟旅行带来多大困扰，一位朋友就曾驱车一天跑完全程。民国之前，从西安到京师"二千四百八十里"，将近两月的行期（报人彭翼仲1906年谪戍新疆，三月初十出发，五月初八才抵西安）。即便鲁迅一行在民国十三年的赴陕，也是一趟"文化苦旅"：

> 七月七日晚，从前门车站上车。八日下午，抵郑州；九日夜，抵陕州。铁路从此中断。十日，登民船溯黄河西上，经三门峡，十三日下午抵潼关。十四日晨，换乘汽车西行，午后抵临潼，下午抵西安。

一共是七日七夜。8月4日回程，路途稍有流连，至12日夜半方抵北京，几乎费去九天九夜。鲁迅自己也在文章中感慨其不易："陕西人费心劳力，备饭化钱，用汽车载，用船装，用骡车拉，用自动车装，请到长安去讲演……"（《说胡须》）此时虽是学校暑期，北京大学的课不必上，但鲁迅还有一份教育部的正职，况且以他著名的爱惜时间的好名声，如无绝大诱惑，岂能如此劳师远征？

这一份诱惑，说得出来的，当然是为早有打算的长篇历史小说《杨贵妃》寻找感觉，搜集资料。没有说出来的，则是每一个中国读书人都会从辞赋、典籍中获得的汉唐想象，于是，西去长安，仿佛是从文化的肢体回流往文化的子宫。这一点，鲁迅也不能例外。

自然，去之前，人人都知晓"今日之西安，已非古时之长安"，但是真正耳闻目视，仍会有震撼般的失望。鲁迅后来在给日本友人的信中写道："五六年前我为了写关于唐朝的小说，去过长安。到那里一看，想不到连天空都不像唐朝的天空，费尽心机用幻想描绘出的计划完全被打破了，至今一个字也未能写出。原来还是凭书本来摹想的好。"（《致山本初枝》）

举头唯见月，何处是长安

鲁迅的感触具有普遍性。黄仁宇在《中国大历史》里如此描述"长安"的沉入历史："公元906年之后，西安再未曾成为中国的国都。当中国即将进入本千年之际，情况愈为明显，国都必须接近经济条件方便之处。中国的重心已移至东边……中国多数民族与少数民族在今后四百年的争斗中，采取一种南北为轴心的战线，与西安渐渐远隔。这座古老的国都，也已在历史中充分地表现过它上下浮沉的经历了。"

昔时京师，今日边城，西安便凝固成了最负盛名的"废都"。在陕西本地文人史家撰写的地方志书中，西安既可以被写成一部国都史，也可以被写成一部地方史。"在宋元时期，长安主要是作为没落的国都而在于文人的记载之中"，"其引人入胜之处就只存在于那些能让人记起此处曾经是国都的'遗址'"，如元代骆天骧所编《类编长安志》，提及宋以后人事不足十分之一。入明之后，经过康海、冯从吾等人的激扬，陕西志书开始将"文献之事，邦邑所先"作为编纂原则，西安方才作为一个活泼泼的城市，而非仅仅是"长安遗址"进入历史记忆。（王昌伟《从"遗迹"到"文献"》）

然而，在没有全民旅游的时代，对于那些多少有风雅情怀的匆匆过客而言，西安之行总还是一种"文化还乡"，"西望长安不见家"自然就成了面对残山剩水的强烈情绪。尤其近代以降，陕甘一带兵连祸结，灾荒频发，生生将回望绣成堆的长安折腾得不成样子。与鲁迅同游西安的孙伏园即感慨道："那时的西安也的确残破得可以。残破还不要紧，世间因为人事有所未尽而呈现着复杂、颓唐、零乱等等征象，耳目所接触的几无一不是这些。"难怪鲁迅会说："我不但甚么印象也没有得到，反而把我原有的一点印象也打破了！"（《鲁迅先生二三事·杨贵妃》）捷克学者普实克20世纪30年代到访，虽然颇喜欢这座古城，但也不满意它的颓与乱：

> 西安府周围的废墟遗址与意大利和北平的废墟相比，给人的印象要更加令人悲哀。意大利的废墟覆盖着绿色植物，与周围美丽感伤的自然景色相协调；北平的废墟则使人回忆起旧时光的宏伟壮丽。而这里的一切都覆盖着尘土，宝塔像一座畸形的雪人站立在肮脏的工厂院子里。为了保留其本身的美丽，历史遗址需要清洁干净。（《中国——我的姐妹》）

自宋以后，西安渐渐演变成通往中国西北的重镇，变成"本土"与"边疆"的分水岭。以清代为例，方士淦道光八年（1828年）从伊犁释归，其《东归日记》至西安即止，林则徐道光廿二年（1842年）赴伊犁戍所，其《荷戈纪程》自西安出发写起，两书皆不及西安风土。祁韵士的《万里行程记》叙嘉庆十年（1805年）遣戍伊犁，只寥寥记了几笔："长安形势，虎踞龙盘，自古帝王之都。城外八水环流。抵东郭，始见百雉崔巍，远则无睹。盖林阜包罗，最为雄厚。"皆属方志之陈言，描写风土则只有六字"城中多售竹器"。大儒倭仁，于咸丰元年（1851年）被派往新疆叶尔羌任帮办大臣，他的《莎车行记》中说到西安，只有"被山带河，天府之国，规模宏阔，亚于燕京"四句，然后是大谈"关学"出过韩邦奇、吕楠、冯从吾、李裕、王心敬等大家，至于他在西安住了三天，何所见，全无道及。

因此看这些旅记，有种很奇怪的印象：游人对灞桥的兴趣，远远大于西安城本身。灞桥一别，便是"去国"，几千年的愁怀别绪，都密密地压在这"长三百步，宽二十余步"的桥上，无论春秋冬夏，人人都愁意顿起，诗思盎然。不能不说，中国传统文人常有"古书障目，不见实景"的超强能力，偌大的一个西安摆在眼前，他看见的往往只有灞桥、曲江、雁塔、碑林这几处过往辉煌的残迹，而且自觉地将自己放逐到历史之中，眼见的只有盛唐山水。要他们目睹手记一个现实的西安城，需要受时代风气影响的、从史迹到风物的眼光转换。

盐运同知方希孟于1906年受派考察西部铁路建设，其《西征续录》对旅行细节记录甚详，不过，仍然有将所见"诗意化""套语化"的倾向。陕西确实是怀古的好地方，触目所及，到处都是典故辞章，一旦沉湎其中，记录的真实性就要大打折扣。比如方同知记西安城："综览天下形势，自古帝王都，盖无逾此者也。今城乃元明两朝所缩，周围犹四十里。入东门，宿桥梓口。街衢皆铺条石，平直如砥，巷亦宽容四轨，净洁无尘。"如果我们照此想象清末的西安，会觉得直追汉唐、不让东南，然而经历过庚子年两宫驻跸的西安，当真是这样一个模范城市吗？

四年之后，也就是倒霉的宣统三年（1911年），袁大化赴任新疆巡抚。他照样沿途吟诗、怀古、掉书袋，但观察细致得多了。虽然不免照例夸奖关中平原"西开平原数百里，重关要键，天府之国，帝王之州也"，但毕竟老实写道："潼关以西高原平阔，种麦为大宗，少杂粮，与中原小异。粮价较内地减倍半，产粮多而无铁道转输故也。少大村落，民有住窑洞者。回匪之乱，死亡太多，尚未复元。北山荒地报垦升科者，多系川楚豫三省客民，岁歉收则逃去，来岁被他人占领，复来控争……其地民风纯朴，但多憔悴形、枯槁气，老幼皆然，不知何故。秦中自古帝王州，岂今日气尽力竭耶？"

袁大化被西安的将军、巡抚、都统接入城内，百官云集，"以次晤谈"。也是住了三日，袁大化已经注意到了西安的颓唐之气："省城兴办新政，名目应有尽有，街道土石夹杂，坎洼难行。街旁暗沟，塌露深陷，秽气触鼻，一失足即落其中。生齿颇繁，似多无业者。市面不甚整齐，财政岁入三百余万，难以敷用。绅民气亦嚣张。"（《抚新记程》）对比之下，方希孟的记载不过是官样文章，袁大化的所见，才能与20世纪20年代鲁迅等人的观感对接。

鲁迅来西安两年之后，著名的"二虎守长安"之役爆发。西安城在刘镇华统率的镇嵩军的重重围困下力拒八月之久，城中粮价最高时，一斤小米卖两块大洋，百姓饿死、战死者逾万。这是西安近代经历的最大浩劫。镇嵩军之乱陕，并非只有这八个月。1925年3月，北京大学研究所调查员陈万里随哈佛大学考古队西行，只见陕西各地处处皆兵，"全城已无商业可言，大商铺尽驻军队，通俗图书馆门外高张兵站发馒处，其他可想"。古都之颓，于斯为最。

长安风物一时新

南京政府完成了名义上的统一，国都也迁至东南。这一下西安与北平几乎平起平坐，都是旧皇都，又分别承担着中央政府遥控西北与东北的枢纽功能。

以前，来访、途经西安的多是官吏、学者，他们向外界传达的信息自然集中于古物、史迹，于是在中国人印象中，西安就是一座遥远的古都。进入20世纪30年代，西安迎来了不少记者、旅行家，他们的眼光更多地投向了城市、商业、教育、居民、风俗，一个"近代西安"在他们的笔下日渐成形。

较早的西行名人，当数《新闻报》记者顾执中，他于1932年8月随陕西实业考察团游陕一月，撰就《西行记》。那次实业考察，基因于一年前有"九一八事变"，嗣后又有

"一·二八"淞沪之战。一旦战争全面爆发，中国能否长期支撑，要看西北西南的广大腹地人力物若何，尤其西北开发，须加充分调查。

在陕西省政府的欢迎宴会上，建设厅厅长赵守钰的一番话让人印象深刻："陕西连年荒旱，遍尝着人间罕有的痛苦，虽然有了丰富的宝藏，却免不了饿殍载道。他们因为缺乏科学和教育，货弃于地，不知探拾。结果，陕西的民众，好像手中捧了金碗银箸，还向着人们讨饭，真是可怜……"这与考察团次日开始的物价调查若合符节。首先是交通问题，陕西烧的是山西煤，煤区价大洋五角可购一百斤煤，但运到西安，一百斤煤要价二元六角，同人惊呼"这实为全世界最高的煤价"！令人咂舌的外来货还有：烤鸭每只六元，鱼每斤三元半；果子露一瓶一元四，汽水八角一瓶，啤酒一瓶一元八角；汽油每箱十元……要知道，在西安市场上，一元钱可以买本地肥鸡四五只或鸡蛋一百二十枚。顾执中感慨道，假使陕西的水道和交通问题一日不解决，那么全省的实业将永无发展的希望。

据赵守钰说，省内各地比起西安来，已是地狱天堂之别。陕西赈务会主席康寄遥向来访的华侨飞行家林鹏侠介绍，陕省九十三县，自民国十七年后五年中，荒旱之灾遍全省，霜、雹、风、蝗、瘟、疬之疫层出迭见，再加上兵匪交困，"千村万户，悉化丘墟，万里膏原，多成赤地，饿殍载道，谷罄粮绝，乃至树皮草根，剥食殆尽，拆房毁栋，难求一饱，卖妻鬻子，死别生离之惨状，无可形容"（《西北行》）。这种描述很容易让人想到唐末动乱频仍的关中，或明末流民纵横的陕北。

农村的灾荒凋敝，反而开启了畸形的城市化进程。陕西唯一的中心城市西安，人口连年增多，商业日渐繁荣，这种情形，从《申报》记者陈赓雅1934年发表的《西北视察记》中可以看出：西安人口，1931年调查时只有十万八千人，到1934年已超过十五万。旅行家侯鸿鉴1918年来西安时只见"马嘶日落困危城"，十七年后，却是"目睹宏广之街衢，汽车络绎于眼前"。感慨于此，他不禁喜而赋诗曰："而今耳目一番新，都市繁荣气象春。遮道车尘非昔比，喧腾民乐曲江滨。"（《西北漫游记》）

然而，这种繁华景象也引起了许多观察者的忧虑。最著名的大概要算记者范长江，他在发表于1935年11月、后收入《中国的西北角》的一篇通讯中惊奇地描述了"一般都市都在经济没落中叫苦，独有长安却呈现急促的繁荣"："商店的数目，和各店中的贸易额，皆有极大地增加。建筑事业更如雨后春笋，异常活跃。土地价格从每亩十数元，暴涨至数百元，甚至千元以上。旅馆业尤为兴盛，无论大小旅馆，欲求得一席地，亦殊有'长安居，大不易'之观。"他也证实了侯鸿鉴对市政的观察："从市政上看，一年来长安的进步，直可谓一日千里。主要街道，已一律筑成碎石路，小街僻巷，从前大坑小坑镶成的路面，现在亦通成了通车无阻的坦途。"

西安景象一新的原因，有赖于陇海路的通车。来西安的人与货，都不必再于潼关弃车登舟，而可以由铁路直达西安，渭河流域的农产品也可以借此外运。顾执中看到的日用品与外来货物之间的巨大价差，正在被日渐发达的交通救平。可以说，陇海路的通车，让古城西安第一次感受到了全国化乃至全球化的滋味。

另一个重要原因，即因红军抵达陕北引起的"剿匪"中心转移，未必对陕西经济有正面的促进。范长江举例说，江西南昌曾以"剿匪"而盛极一时，同时在红军离去江西以后，也就景气不再。而今的西安，消费品越来越多，日用工业品生产却不见起色，"关中货币，无希望的流出，隐示着社会金融紧迫的前途"。尤其是土地价格飞涨，"长安市内和陇海路西延线的两侧，所有土地，几尽为土地投机商所把持。往往有凭借政治力量操纵土地，转瞬遂成暴发富翁。更有凭恃政治势力，以兼营商业者。官厅法令，对此等营业，亦往往无可如何"。范长江最后警告：

> 社会的发展，如果脱离以一般社会福利为中心的正轨，让钱与势交相为用的集中一部分人之手，必生不平之鸣。杜少陵作丽人行以讥唐明皇时代达官贵人之骄淫恣逸，非亲尝此种滋味者，诚难了然

于其用心之苦。

此类警示，对于自矜于西安经济繁荣为民国以来最盛的陕西当局来说，未必听得入耳。康寄遥在与林鹏侠谈陕西灾情时，吞吞吐吐地指出"主因"，如"明末流寇之起，历史亡国之前车，关心者少"，"县长之人选得失，驻军纪律之优劣"宜加注意等等。同时康认为，"有主义之匪"并不多，多的是求生不得、铤而走险者。这番话为后来研究国共力量消长的学者所称"为渊驱鱼，为丛驱雀"的结论，下了一个注脚。

灞桥烟柳，曲江池馆，应待人来

当年外省的读者，可能更喜欢看另一位记者张恨水的笔墨。这位审定过《北平旅行指南》，也擅长写市民生活的著名报人，很懂得一般民众的心理。他在西安住了一个半月，在《西游小记》中首先便提供了"旅客生活指南"，包括住宿、吃饭、交通、购物、洗澡、理发、邮电、银行，无微不至，十分贴心。

看了他的介绍，我们才知道如果不带铺盖的旅客，到西安以住西北饭店与大华饭店为宜，每日花费多至二元五角；带铺盖，则可以住关中旅馆等处，好房间一天只要五六角钱；要住长久，还可以上太平巷青年会去，因为西安的青年会与别处不同，竟可以带家眷，每月包房少的才七八元，多的也就是十一二元。

吃呢，西大街的南京大酒楼很贵，小吃一顿也需三四块钱，而旅馆的一菜一汤带饭才六七毛钱。澡堂以东大街"一品香"为好，理发则以南院门、盐店街的三家为佳。娱乐呢，秦腔有正俗社与易俗社，前者是"真正秦腔"，后者则带一点改良性质，任君自择。皮黄班不受本地人欢迎，所以不常有。电影院有一家，叫"阿房宫"，专映无声片。他还提到了妓院，在东大街开元寺内，"妓女半是郑州转来之下江人，规矩不详"。

这已经为向北平、上海、南京的读者活画出在西安游历的林林总总，接下来，张恨水才说到"西京胜迹"。张恨水看西安，虽然也不乏记者的关注风俗民生，但他的视角更近于现代人的旅游观，不囿于旧文人式的访古记游，也异于考察团的主要注目实业。既察今，亦怀古，更以诗文典章以助游兴，这正是一个半新旧民国文人的姿态。

张恨水描写最详的西京胜迹，一是灞桥，一是曲江。这两处是所有外来文化人最注目之处，却也是古今变迁最强烈的所在。碑林、雁塔的保护有精粗之别，城墙也多半是后朝重修，但到底有个实物让人看。灞桥与曲江，由唐朝诗文造成的偌大名气，欲寻思古之幽情者莫不大失所望。范长江说他赴陕途中读杜诗，有"三月三日天气新，长安水边多丽人""曲江萧条秋气高，菱荷枯折随风涛"等句，"以为长安城中，必定富池沼之胜，有如北平之三海，南京之秦淮河玄武湖者"。然而他遍寻长安，不见水迹，曲江"且只干沙沟一片，既无菱，又无荷，根本无从枯折起。纵有风，亦不会有涛来"。范长江由是生哲思，感慨"一代文章，其所记述者乃当时当地之事物，故单知文章，只算接近知识之初基，必对于实际之事物，加以体察，始能得乎知识之真诠"。

张恨水的《西游小记》，于此两处景物，也只是客观描述，只是比一般游记更详。后来他根据此次西安之游创作小说《燕归来》，便既有文学性的景物描写，又借人物之口点评了这些面目已非的史迹。《燕归来》对灞桥的描摹，与《西游小记》中大致相似，但添了几分欣赏的逸致：

这桥是平式的，约莫有两丈多宽，很长很长的，跨在灞河的两岸上。灞河这条水，由南向北，流入渭水去。水质还清，不过这水来自秦岭，满河床里都有浮沙。河水是弯曲着成了好几股，在浮沙中间流着，向北一望，那水直达平原的地平线下。桥附近两岸，有极低的土坝，上面栽了两行杨柳。这时候，正当了柳絮飞花的日子，桥上白雪点子似的柳花，在太阳光里，飘飘荡荡追着人乱舞。这桥虽是长大，却没有栏杆，只是把长条石头，拦在桥两边。赶牲口的，和一牛一马合拉的木轮大车，带了布棚子的骡车，断断续续地从桥上过，一切都现出古朴的样子来。

书中人陈公干于是感慨道："我总这样想：应当把那瞧不起中国人的小伙子，让他看看运河长城，以及西北各方的上古建设，他就会知道原来是了不得……再说绕长安的这八条水，有可以走船的，而且有小渠直通长安城里，到了现在，一切没有了。就是这灞水，河床离桥身只有两三尺了。我们据良心说，这是古人不成？还是后人不成？"他的话让书中众人都感到"到西北来，可以想见中国伟大；同时也就觉得中国人太抛弃了这伟大的土地，不去利用"。这番感慨，与前引陕西建设厅厅长的"捧着金饭碗讨饭"如出一辙，也可以见出当年一般舆论对西北开发的看法。书中人又顺便批评了泥古不化的国画家，说他们画现在的灞桥，也没有胆量把汽车、脚踏车画上去，似乎那样便失了古趣，这倒又合了范长江批评的"以古代文章曲定现代事实"，经过社会文化的现代转型，时人对信古泥古的风气，自然也就大不以为然。

当《燕归来》中的燕秋等一行学生要求去曲江池玩玩时，汽车夫很愕然地反问："那里有什么意思？"陈公干回答道："这个你不懂，你开到那里去就是了。"可见即便是民国当年，循着杜诗与唐史指引要去游览曲江的游客，比之大小雁塔，甚至杜撰的"武家坡"感兴趣的人少得太多。于是他们像范长江一样，跑了三十里路，只看一个"凹头"，"四周的土阜，峰头犬牙相错，成了一条很阔的干沟。由南而北，这凹地在村屋面前，作了人家的打麦场"。只有旁边人家的短墙缝里，露出一座高不过丈余的木牌坊，半朽的木板上用墨笔写了四个字"古曲江池"，提示这里的旧时风流。

看到这等景象，角色们心态不一。有说千年之下，沧海桑田也是常有的事，也有说雁塔代代重修，曲江却无人理会，当年花了那么大的民力，将泉水从终南山引来此处，唐之后战乱一起，就此荒废，实为憾事。其中一位名叫昌年的法政系学生，发议论道：

其实何止曲江，在帝制时代，全国人的眼睛都在皇帝一个人身上。皇帝坐在长安，京兆的名胜有人留恋，关中的水利有人讲求。曲江本在长安城里，终南山的水引到曲江；像现时北平玉泉山的水一般，可以引到故宫三海里去，毫不为奇。皇帝坐到了开封，人才跟着东跑，水利没有人管。关中沃野千里，日坏一日，到了近代，简直成了灾区，何况曲江这一勺之水。本来宋朝以后，皇帝不是南坐南京，便是北坐北京，这里天高皇帝远，更是没有人过问。封建社会之流毒，这也是一个小小的证明。这话要谈远些，那就和政治有关。不过我们也不必说，致干未便。

昌年的最后一句话表明，他们虽然是在评论古迹，指向的却是当下的社会政治现实。陕西人不是不想振作，但在资源的分配、物力的流向，甚至战和的抉择，都更多取决于政治地缘性而非地域经济需求的时代，城市的盛衰起伏，自然不是本地人可以掌控的。曲江的兴废，往小里说，是汉唐风流已成绝响；若做更广泛的延伸，则是西安一旦褪去了帝都的光环，所有能够维持帝都超级奢淫之风的资源畸形集中也就随风而逝。曲江不同于灞桥，它于现下西安人的生活已不再承担任何功能，故而只能慢慢地萧条荒废。

然而悖论在于，这些承载了帝都华彩的建筑、场所，无论是骊山陵、未央宫，还是曲江、乐游原，都因其在历史记忆中的符号化，吸引着远来旅客的游兴。尽管名气有大小、趣味有高低，但它们满足所谓"文化还乡"情结的抚慰性功能依然存在。只是，无论是留着残山剩水以示历史的无情，还是拟古重修来迎合怀旧的幽绪，似乎都是众口难调，不易讨得彩声。这或许是鲁迅感叹"还是凭书本来摹想的好"的缘故吧。

不晓得《燕归来》书中人知不知道，曲江的兴废历程中还有一个小插曲。到唐文宗时，曲江宫殿已十废其九。此时，文宗读到了杜甫于安史之乱后的诗作："少陵野老吞声哭，春日潜行曲江曲。江头宫殿锁千门，细柳新蒲为谁绿。"于是文宗"慨然有意复升平事，发左右神策三千人淘曲江，修紫云楼、采霞亭，内出二额，左军仇士良以百戏迎之……敕诸司，如有创亭馆者，官给与闲地，任修造。又引黄渠水以涨之"（骆天骧《类编长安志》）。以现今眼光观之，由知识分子杜甫提供复兴伟大传统的论证，政府负责基础设施与平台搭建，还进行了文化包装，剩下的全都由招商引资完成。当然，这至今看来仍未过时的开发模式，仍是建立在皇家资源的保证之下。

曲江于今自是荡然，大雁塔北却建了新的大广场，号称亚洲最大的音乐喷泉、最大的水景广场，一到晚上，"广场和大雁塔灯火通明，再加上音乐喷泉，这已成为西安人无比自豪的一道风景"（《走遍中国·陕西》）。也许有人会指责其缺乏古味，但我想如果西安人真的为此自豪，那也不坏。设想曲江恢复"盛唐旧貌"，也不外是增添了一处"秦王地宫"之类的假古董。一切的残破、湮灭、修葺、重建，若是自然地发生，便可尊敬，倘想人为地逆转，只怕求荣得辱。唐文宗花了那么大气力，不也没能留住曲江的风韵吗？

推而言之，长安的没落，不只是城颓殿圮这么简单，雁塔题名、曲水流觞，是与行科举的社会上下层流通方式紧密相连的，门第时代断无这般荣光。而一首诗歌可以咏唱，可以买卖，名诗可让名妓"增价"的年代，又岂是会聚欧化现代诗的西安诗歌节可以追摹的？史迹与文物，总归有个存留期限；记忆与想象，反而利于代代传承。古人所谓纸墨之寿，寿于金石，大概就是这个意思。

肥西县张老圩
（张树声旧居）

黑池坝

合肥蜀（大寨路）

张公馆
（张树声后人所居）

南淝河

李鸿章故居

逍遥津公园

白河

合 肥

合肥跟我本来没什么关系，

写这篇文章时我都没去过那里。

但是因为翻译了

《合肥四姊妹》，

突然就激活了千丝万缕。

纸上合肥

我从来没去过合肥，连安徽境内都未曾涉足。以这样的资历来写合肥，会不会太不自量力了？

20世纪30年代的某个夏天，已定下次日去北戴河休养的陈寅恪教授接到清华大学国文系主任的邀请，要他为清华大学入学考试出普通国文试题。陈寅恪用一晚时间想出了两道题。一道是对子题，那便是惊世骇俗的"孙行者"，弄得举国报考清华的学子，只有两人答对此题，还不是标准答案。另一道是作文题，曰《梦游清华园记》，陈寅恪对此题的解释是："盖曾游清华园者，可以写实；未游清华园者，可以想象。此即赵彦卫《云麓漫钞》玖所谓行卷可以观史才诗笔议论之意。"因此我也可以因袭寅恪先生之意，说"曾至合肥者，可以写实；未至合肥者，可以想象"。唯寅恪先生还有一句话："若应试者不被录取，则成一游园惊梦也！"在下也须冒唱一出"惊梦"的风险。

邀请陈寅恪出题的那位清华大学国文系主任，姓刘，名文典，字叔雅，恰好也是合肥人。

安徽的合肥

合肥在安徽诸城中，算不得突出。它在历史上，政治地位不如安庆，经济地位不如徽州，文化名声更不如桐城。据统计，有清一代，安徽各府州县学额及进士、举人总人数，徽州府高居首位，安庆府次之，宁国府又次之。三府的文进士与举人总额占全省的十分之六。以县而论（合肥当时是庐州府一县），桐城的文进士与举人人数均居全省第一，歙县次之。桐城文风特盛，"子弟无贫富皆教之读，通衢曲巷书声夜半不绝"；歙县则允文允武，"武劲之风显于梁陈，文艺之风振于唐宋"。（《歙县志》）

然而，合肥亦有自己的骄傲。以各府州武学进士、举人数比较，庐州府居全省第一，宁国府、安庆府次之；以县而论，合肥亦居全省第一。不独淮军为合肥人的世界，据《保定军校同学录》记载，皖籍学员三百一十六人，庐州府即有一百三十一人，其中合肥县人最多，计九十七人。

安徽于全国各省，境遇与湖南相似，都是刘少少所谓"中省"。土地、物产，甚或人情，都不算得天独厚，反而激励士民奋发向外，别创功业。胡适回顾徽州家乡时说：

徽州全区都是山地……因为山地十分贫瘠，所以徽州耕地甚少。全年的农产品只能供给当地居民大致三个月的食粮。不足的粮食，就只有向外地去购买补充了。所以我们徽州的山地居民，在此情况下，为着生存，就只有脱离农村，到城市里去经商……所以一千多年来，我们徽州人都是善于经商而闻名全国的……中国有句话，叫："无徽不成镇！"那就是说，一个地方如果没有徽州人，那这个地方就只是个村落。(《胡适口述自传》)

这种状况有幸有不幸。不幸在于许多家庭的父母子女难得会面，徽州有土话叫"一世夫妻三年半"，说的便是商人夫妇不得团圆的情形。幸的一面，则如胡适所说，每个家族几乎都有人在外长住，一方面是打破了中国人安土重迁的惯性，另一方面年轻子弟也容易有出去见世面的机会。"由于长住大城市，我们徽州人在文化上和教育上，每能得一个时代的风气之先"，徽州多出学者，并能在中国学术界占据较高的位置，"都不是偶然的"。

这种状态，与山西的走西口，闽广的下南洋，有近似之处。徽州盐商、当铺朝奉遍布天下，养成了当地的重商风气，处世事功，都崇尚实际——明末之后的实学风气，每每盛于商业发达地区，就是这个道理。

这一来，在满怀理想的读书人眼里，未免显得"民风浇薄"。吴敬梓是合肥西边的全椒县人，也是世代簪缨的纨绔。他于三十一岁左右迁居南京，"流播于江关"，大半是基于对故乡风土的愤愤不平。这种愤懑在骈四俪六的《移家赋》里表现得尚不够显豁，更明白的是在《儒林外史》里借骂五河（也是安徽县名）把全椒人大骂一通：

> 五河的风俗，说起那人有品行，他就歪着嘴笑；说起前几十年的世家大族，他就鼻子里笑；说那个人会做诗赋古文，他就眉毛都会笑。问五河县有甚么山川风景，是有个彭乡绅；问五河县有甚么出产希奇之物，是有个彭乡绅；问五河县那个有品望，是奉承彭乡绅；问那个有德行，是奉承彭乡绅；问那个有才情，是专会奉承彭乡绅。却另外有一件事，人也还怕，是同徽州方家做亲家；还有一件事，人也还亲热：就是大捧的银子拿出来买田。（《儒林外史》第四十七回）

虽然是崇尚实际，安徽人对家乡的眷恋却久厚深长。比如婺源本属安徽（朱熹即出生于此），抗战前被国民政府并入江西，但婺源居民以身属徽州为荣，发起了"婺源返皖"的运动，以至婺源一度重回安徽。不过1949年之后，婺源又归了江西。

对故土的眷恋，使安徽人虽然散布各地，仍然保持着与家乡千丝万缕的联系。胡适在自传里说，据他父亲胡传记载，绩溪胡氏遭受太平军与清兵的轮番蹂躏之后，人口剧减，剩下的男丁又大多染上鸦片烟癖，连生计都无法自给。这个宗族之所以没有覆灭，"都仰赖于四百几十个经商在外的父兄子侄的接济。他们的汇款也救活了家人，并助其重建家园于大难之后"。

李敖在《胡适评传》里说："'徽帮'、无徽不成镇这些说法，表示了两个事实：第一是灵活的商业能力，第二是团结的宗族乡党的观念。前者可说是进取的，后者可说是保守的。这两种交错的结果，就形成了所谓'徽骆驼'。"虽然已有两代人在广州生活，詹天佑的父亲詹兴洪在儿子的出洋具结书上仍然填写"徽州府婺源人氏，寄居广州"。而胡适日后在写《〈詹天佑先生年谱〉序》时，也如他自己说的"乡里观念时时要发作"，落款为"绩溪胡适"，这是他一生中少见的落款方式。

"商业能力"或许是徽州比较特出，但"乡党观念"是安徽共有的。梁实秋回忆他在上海跟着胡适进安徽馆子，总是听见堂倌大声对着厨房喊："安徽老乡啊！多放油啊！"那一声高喝中，便藏着强烈而顽固的乡党观念。

合肥当然也不例外。比如"合肥四姊妹"的外公家陆家，虽然迁居扬州两三代，还是会将女儿陆英嫁回原籍合肥。而元和、允和、兆和、充和四姊妹虽然幼年便随父迁往苏州，四姊妹中有三个是在苏州长大的，"但她们仍然自认是'合肥人'：她们说着一口合肥话，带大她们的奶妈也都是合肥人。虽然只是从别人口中听闻合肥的点点滴滴，她们对那个世界仍然颇为熟悉"（《合肥四姊妹》）。

无独有偶，张爱玲的祖父是河北人，她的母亲是客居南京的湖南人，但这些都阻挡不了家里充满了合肥的气息。因为祖父张佩纶续娶了李鸿章的女儿，从此家里的用人全都出自合肥，张爱玲的姑姑、她弟弟和她自己，甚至包括她母亲都会学着各位"干干"（合肥话称保姆）打几句合肥乡谈。据张的弟弟说，张爱玲最爱吃的菜也是"合肥丸子"，糯米包着肉搓成丸子上锅蒸。

有意思的是，张家的干干们勤劳、善良、忠实，但她们中的大多数"不太敬佩读书人"。她们坚决反对大姐元和嫁给一个唱昆曲的"戏子"，也很瞧不起当作家的三姑爷沈从文，她们的看法是"如果婚姻建立在爱情基础上，而且遵循自由恋爱的原则，那怎么能够持久呢"？张家姊妹与金安平都怀着充分的善意，认为她们不接受新观念，又不希望小姐们的婚姻失败，"就像她们希望看到弹词戏剧中的女主角孟丽君、红拂幸福如意"。在冷眼观世的张爱玲笔下，干干们的反对就没那么抒情了。看护她的干干不让她逃出家门，说"逃出去就回不来了"。她曾以为干干给她的是"无原因的爱"，但她最后的结论是"我是她的事业"。

这种猜想或许比较阴暗，却更合情理，因为只有小姐嫁得好，幸福久长，她们的奶妈兼保姆才能在府上一直干到老，甚至将这个职位世袭下去。合肥人不是不讲感情，他们只是永不脱离实际。

合肥精神

我与合肥的唯一缘分，大约是2005年起手翻译耶鲁大学教授金安平的《合肥四姊妹》。这本书讲述闻名于世的张家四姊妹——元和、允和、兆和、充和，以及整个家族的故事。在这本书中，金安平酷肖其夫史景迁的史笔风格展露无遗。她在四姊妹的分传之外，有《祖母》《母亲》《父亲》《保姆们》等章，也有《婚礼》《生育》《择居》等生活史细节，夹杂其中的，还有一章《合肥精神》。

《合肥精神》讲述的是张家姊妹的曾祖张树声，及他的一帮合肥同乡如何建功立业的历史。这些主要出自合肥的安徽同乡组成了近代史上赫赫有名的淮军。据王尔敏《淮军志》统计，淮军将领中，安徽籍者比例为百分之六十五，其中合肥市前身庐州府，贡献了百分之八十六的军事人才。将淮军说成是合肥人的军队，亦不为过。

关于淮军的创建，清人笔记里的记载颇有趣。大致是湘军与太平军相持日久，"争战有功，兵骄将肆，不守号令"，曾国藩对此十分担忧，希望能在三湘子弟之外，别创一支有朝气的新军。他将这个想法与得意门生李鸿章商量，李鸿章力荐"自古产兵之地"的淮上子弟。于是曾国藩要求李鸿章将他知道的淮上豪杰之士全数邀来军营，集中住宿，他要亲眼鉴别人物。某日，曾李二人步行悄入宿馆，只见诸人"有赌酒猜拳者，有倚案看书者，有放声高歌声，有默坐无言者。南窗一人，裸腹踞坐，左手执手，右手持酒，朗诵一篇，饮酒一盏，长啸绕座，还读我书，大有旁若无人之概，视其书，司马迁《史记》也"。两人在宿馆里走了一圈，没人知道进来的是曾帅，也没人去向李鸿章趋奉问好。

　　曾国藩出来后对李鸿章说："诸人皆可立大功，任大事。将来成就最大者，南窗裸腹持酒人也。"此人是谁？将来的台湾巡抚刘铭传。(《鱼千里斋随笔》)这件事由中国留美第一人、曾入曾国藩幕府的容闳转述，虽然听起来像小说，倒也有一定的可信度。

　　淮上产兵，确非虚言。淮军固然是由两淮子弟组成，他们在敉平太平军之后主要对付的敌人捻军，也主要是淮北的农民。即使是刘铭传，在合肥的民间传说中，他投军之前也曾与几位肥西强人聚在一起，讨论是投官军还是投太平军。这时，一阵狂风刮断了本当用来悬挂反旗的旗杆，一位老塾师劝他们"顺应天命"，于是几人次日就去打太平军了。李鸿章说，在他将刘铭传等人收编成正规军队之前，这些合肥人过着"寇至则相助，寇去则相攻"的生活。

　　刘铭传能否在曾国藩来巡视时读《史记》，颇可存疑，因为史载他只在村塾读过一点书，被乡人视为"无赖"。淮军与湘军最大的不同，是曾国藩喜欢用文人领兵，各营头领至少是个秀才。湘军以反对太平军"破坏圣教"为旨号召天下，读书人对此更有切身体会，即使是鲁莽如张翼德的曾国荃曾九帅，也是举人出身。淮军将领大多是草莽豪杰，最有学问的张树声也只是秀才。不过李鸿章不在乎，他总说"今世乏才，岂乏翰林科目耶"。

曾国藩不太同意这种看法。他并非如故事中说的那般欣赏淮军将领。曾国藩在率领淮军"平捻"时，觉得这些合肥人"虽有振奋之气，亦乏忧危之怀"。由于自古皆云骄兵必败，这位儒帅很担心淮军"不能平贼"。事实是淮军荡平了捻军，曾国藩只好在日记里承认自己"殆知其一，而不知其二也"，古人之言也有不能应验的时候。

李鸿章的观点恰恰与老师相反，他认为麾下的诸将虽然没什么学问，但"不可谓非才"，而且他们不是"乡党自好之流"，而是"忧国如家视远若近"。述史至此，金安平不禁问道："然而情形何以如是？一个像刘铭传这样的煽惑下层民众滋事的暴徒，怎么会为国家大事而忧心忡忡？他是怎样从一个游侠变成一位政治家，怎样从一名惯盗变成一位开明的改革家的？"

这个问题引出了该章的主题：合肥精神。金安平认为，像刘铭传与张树声这样的人，虽然不治学问，却"有着对中国未来的直觉和远见，而且充满干劲"。为了证明这一点，她引用了张树声的一封奏折。在这封奏折中，张树声将中国的"古今人才"分为两类：一种是"笃实纯谨、斤斤自守之士"，这种人的缺点是"墨守旧说，不达权变"，"迂拘扦格，不堪任事"；另一种是"急功近利之徒"，他们德行较弱，但才能更强，在乱世很容易"杂然并进""足以取办一时"，但如果赋予他们大任，那没有不将国家大事搞糟的。张树声认为，最理想的人才是可以将二者结合在一起，既有学问，又不尚空谈，善于行动。谁是这样的人才？张树声认为只有"西人"，他们"秉性坚毅，不空谈道德性命之学，格物致知，尺寸皆本心。得由格物而制器，由制器而练兵，无事不学，无人不学，角胜争长，率臻绝诣"。

应当承认，淮军中大部分是"急功近利之徒"，他们体现的是合肥人"求实际"的精神。淮军的将领，除了刘铭传努力学习，出了一本诗集，其他人即使是李鸿章、张树声，文集里都很少有文学或哲学的篇章，更"不空谈道德性命之学"。然而，像李、张、刘这样有超越性理念的人毕竟是少数。李鸿章任直隶总督兼北洋大臣时，刘铭传因事经过天津，顺便了解一下李鸿章的用人，发现合肥人"局所军营，安置殆遍，外省人几无容足之所"，不禁大惊道："如某某者，识字无多，是尝负贩于乡，而亦委以道府要差，几何而不败耶！"（《国闻备乘》）刘铭传自己也曾"识字无多"，但他与张树声一样，认识到"马上得天下，不可马上治天下"的道理，因此他治理台湾期间，不仅击败了侵略台湾的法国军队，而且从大陆引进人才（包括一些西洋人才），"抚台则铁路、电线、邮政、炮台、学堂、船商、火器、水雷、诸机械制造，于举国未为之日独先为之"(《刘铭传在台湾》)。

张树声、刘铭传确实代表了"合肥精神"的良性发展，他们出身中下层，没有传统士大夫的虚骄之气，讲求实学，不怕繁难，在实践的过程中又对中国社会有着明晰的观察与认知。刘铭传幕府多文人，刘也极尊敬幕宾，"所属稿不敢妄加点窜"。据说他会让幕宾念起草好的奏折，听到感觉不对之处，就摇摇头让幕宾修改。幕宾有时不愿意改，径自拜发，刘也不加责备，但奏折发还下来，刘摇头之处，往往便受到朝廷的驳斥。时人认为是刘"天资机警"，实则他对事理人情看得极透，非腐生庸儒可比。

因为"学历不高"，时人对张树声、刘铭传评价不高，目为"中下之材"。然而，就事功而言，两个合肥人的成就，远远超过了当世诸多所谓名臣。

宰相李合肥

合肥出人才夥矣，但世人冠"合肥"二字于其名者，只有两位，曰李合肥，曰段合肥，时人常称"合肥"而不名。清末有一联腾传众口："宰相合肥天下瘦，司农常熟世间荒。"上联李鸿章，下联翁同龢，两人一生之敌。

不过，比起前辈同乡李鸿章来，段祺瑞在政治理念、政治智慧各方面，都乏善可陈：一生坚持"武力统一"，却始终未能享片刻统一之福；一生依赖江苏萧县人徐树铮，却为了他得罪无数要人，闯下弥天大祸。比起李合肥来，段合肥唯一的好处大概便是不滥用安徽老乡了。

李鸿章在中国近代史上的地位，自不待言。《清史稿·李鸿章传》称："鸿章既平大难，独揽国政数十年，内政外交，常以一身当其冲，国家倚为轻重。"国史馆甚至因为将李放在咸丰同治之世，还是光绪宣统之世，而大起争议。梁启超索性称他写的《李鸿章传》是"四十年大事记"。如果要找出李鸿章异于此前诸命国者之外，众口一词，便是"洋务"。

据传李鸿章一生以未掌文衡为憾事。事实上虽然李自己是二甲进士出身，对科名中人却不太看得起。同光年间，派驻各国使节，屡屡有朝臣提议要考虑人选的科举功名，李鸿章却认为使臣应该"历练稍深，权衡得当"，而此种人才不必"专于文学科目中求之，致有偏而不举之患"。他与淮军各将领一样，像合肥乡下的干干，不太敬佩读书人，因为他们喜欢空谈，没什么真本事。

前面提过，李鸿章用人的问题是太重乡谊。如北洋水师提督丁汝昌，时论多认为他不胜其任，李鸿章却一意孤行，直至兵败刘公岛，丁汝昌虽一死全节，时人仍骂为"死有余辜"。丁汝昌在甲午之役中指挥若何，军史或未有定论，然非良才之选无疑。李鸿章用人，一味坚持己见，任由谤骂不易其初衷，这是好处，也是坏处。

李鸿章用洋人，却是开千年未有之变局。自然，他也有一个适应的过程。当他建设那支著名的"常胜军"时，他就坚持：不管这支军队的领袖是英国人还是法国人，都必须"呈请归入中国版图，愿受节制，方可予以兵柄"。和朝廷一致，他希望这个西人像常胜军第一任管带华尔那样"归化中国"，娶中国女子为妻，始终向清廷与李鸿章表示效忠。

然而，第二任管带戈登很快与李鸿章发生争执，那是攻破苏州后李鸿章"杀降"引起的。在戈登看来，这不仅违反人道对待俘虏的国际惯例，也违反事先关于降将人身安全的保证。李鸿章认为，身为部将，戈登没有资格质疑主帅的决定。蒙受耻辱而愤慨的戈登扬言要将苏州交还叛军，并且用他这支由外国人率领的常胜军攻打李鸿章的部队，甚至加入太平军。列强的代表都站在戈登一边，英国公使卜鲁斯甚至禁止戈登继续留在李鸿章军中。

如果李鸿章像之前清廷办理外交的大臣那样固执，"常胜军"将会星散，与太平军的战斗将变得加倍艰难，中国历史或许就将改写。这时李鸿章表现了他实用主义的一面，在总税务司赫德的帮助下，他主动与戈登联络，并承诺给其更大的权力，终于让戈登回到战场上来。

要做到这一点并不容易，因为无论是湘军还是淮军，早就看这帮外国佬不顺眼了。他们一点也不仰慕中国文化，甚至不肯学习中文，常胜军士兵穿着外国军服，应答口令都用英文，薪饷过厚，粗暴好吵，用曾国藩的话说，就是"粗野无文"。而且，总是有谣言说他们一旦壮大，将帮助西洋人推翻清廷。

有意思的是，淮军的许多将领，如刘铭传、周盛传，都不喜欢西洋教官，但经常向这些外国人请教。他们也不喜欢西洋教官对淮军的批评，但又不放弃向他们学习西洋军事技术与知识的大部分机会。对此，《剑桥中国晚清史》的看法是：这些将领"和李鸿章一样，对应用科学（特别是医药）和现代化的交通通信工具（如铁路、电报）有着持续不衰的兴趣"。正是这种兴趣，让他们再三容忍与西洋人的"文化冲突"。我们也将看到，这些兴趣会在战后引导这些旧日的淮军将领开启洋务运动。

此时的李鸿章，已经不相信"归化"能带来西洋军官的忠诚，他们甚至不接受中国法律的管辖。李鸿章试图用金钱奖赏来吸引与维持西洋军官，但他慢慢也发现，并非每个人都像已战死的华尔那样贪婪。戈登甚至在苏州事件后拒绝了朝廷的一万两赏银，因为这一事件极大地损害了他的荣誉感。

荣誉感！对，李中堂很快抓到了这个似乎放之中外皆准的要素。他开始不断告诉戈登，他在奏折里如何赞赏戈登的勇敢、坦诚与恭顺，这一点甚至引起中国最高统治者西太后的注意，在御批里表达了对戈登的欣赏。另一方面，虽然从未要求这位英国军官改穿中国军服，或加入中国国籍，李鸿章却通过任命戈登为"总兵",建立戈登"我的部属"的认同感,让他意识到常胜军只是淮军中的一队兵马。

同时,李鸿章拒绝由英国或法国的领事来指定援助中国军队的人选,认为这种做法是"揽我兵权,耗我财力"。在日后的洋务运动中,李鸿章与他的同僚一直坚持与西洋个人发生联系,而少跟政府打交道的方针。这种决策带来的利弊很难说清,但符合合肥人"用自己人"的人事观念:个别的西洋人是可以被感化的,但别国政府永远只会算计你的权力与财富。

至少在戈登身上,李鸿章的招揽相当成功。十一年后(1880年),李鸿章在"伊犁危机"面临与俄国开仗的危险,赫德打算征募英国军官一百人来训练中国军队,英国政府的政策却禁止英国军官"战时"为中国效力。此时戈登重返中国,告诉李鸿章,只要俄国进攻,他将为中国作战。李鸿章问他,俄国因此向英国抗议怎么办?戈登说,他只要放弃英国军籍,英国政府也管不着他。

据李鸿章自己回忆,老师曾国藩在他接任北洋时,曾经问他如何与外人相处,李鸿章答:"我想,与洋人交涉,不管什么,我只同他打痞子腔。"曾国藩很不赞成,说"诚能动物",洋人也是人,还是要以诚相待。李鸿章唯唯。但在李后来的外交生涯中,还是经常免不了"打痞子腔"(《庚子西狩丛谈》注云:痞子腔盖皖中土语,即油腔滑调之意)。比如甲午战后,伊藤博文代表日本政府,非要中国割让辽东不可。李鸿章表面拖延，暗地却不断动员俄法德等国出来干涉，最终付了"赎辽费"，此事埋下了1904年日俄战争的种子。在李鸿章当日，这是唯一的选择。

晚清时的外国政界普遍喜欢李鸿章，如俾斯麦、伊藤博文都给予他很高的评价，赫德、戈登等人的揄扬肯定起了很大作用。李鸿章未必完全没有遵行他老师教诲的"诚"字。西方列强跟清朝那班昏庸君臣打交道多年，固然获利甚丰，但观念、言语扞格难通，肯定也痛苦不堪。现在碰上李鸿章这么一个对西洋技术有兴趣、崇尚实用、头脑不冬烘的外交家，难免有空谷足音之感。同治去世无嗣，法使热福理就曾建议"不如李鸿章为帝"；庚子事变，列强恨极西太后，据说瓦德西也曾建议联军出动军舰百余艘，拥立李鸿章称帝，李鸿章"笑谢之"。但之前"东南互保"定盟之时，确有密议，一旦西太后、光绪均遭不测，东南各省即拥护李鸿章出任"伯理玺天德"，即总统。一个政治家，光靠权谋是做不到让国内外实权派一致宾服的。

作为官吏，李鸿章有半新半旧的一面。"旧"是指他对付清廷的手腕，该行贿就行贿，绝不吝惜或自命清高，否则，以他"李二先生是汉奸"的声名，怎么可能在清廷治下手执权柄数十年？据笔记载，西太后要修颐和园，醇亲王奕𫍽与李鸿章商量挪用海军经费。李不敢反对，却乘机劝醇王开放百官报效，暗中指使一位故人之子抢先报效两万两银子，博得复官，时人斥曰"徇私坏法"（《国闻备乘》）。这则逸事未辨真假，但不敢抗命转而利用此事一遂援助故交的夙愿，很像李中堂办事的风格。

另一个比较有名的故事，是袁世凯受翁同龢的委托，劝李鸿章告归，以增声望。李鸿章的回答非常有性格，值得再引如下：

> 止止！慰廷，尔乃来为翁叔平做说客耶？他汲汲要想得协办，我开了缺，以次推升，腾出一个协办，他即可安然顶补。你告诉他，教他休想！旁人要是开缺，他得了协办，那是不干我事。他想补我的缺，万万不能！武侯言"鞠躬尽瘁，死而后已"，这两句话我也还配说。我一息尚存，决不无故告退，决不奏请开缺。此等巧语，休在我前卖弄，我不受尔愚也。

李鸿章曾对人言，老师曾国藩以诚动物，"人不忍欺"，他自己是精明强干，"人不能欺"。袁世凯最善作伪，一生骗倒豪杰无数，独独在李鸿章面前，屡屡吃瘪。李鸿章并非不用袁，只是时时有意挫折他罢了。

李鸿章是中国第一个持工具理性的执政者。在他之前，中国的相位大抵坐着一些价值理性至上者，他们真是如张树声所说"墨守旧说，不达权变""迂拘扞格，不堪任事"。曾国藩尤不免拘泥于种种德行规范。到了李鸿章，才让人看到了现代政治智慧的闪现。李鸿章一生不立学说，不求德迈，连张之洞那种体用之说也不讲求。他曾自撰联语云："受尽天下百官气，养就胸中一段春。"

大家都说严复挽李鸿章的一联最好："使生平尽用其谋，其成功或不止此；设晚节无以自见，则世论又当何如？"其实，如果李得遇其君，"尽用其谋"，他或许就是王安石、张居正一流人物。正是因为所遇非时、所遇非主，却能在闪展腾挪之际，不惧骂名，不萌退志，这才是李鸿章的过人之处，也是崇实通变的"合肥精神"对他的福荫。

李鸿章去世突然，留言无多，只闻说他离广州前，向朋友谈及此行，说前去京师，无力争外交，只是"极力磋磨，展缓年分，尚不知作得到否"，"我已垂老，尚能活几年。总之，当一日和尚撞一日钟，钟不鸣了，和尚亦死了"，英雄末，确让人有梁任公"敬李鸿章之才，惜李鸿章之识，悲李鸿章之遇"之概。不过，李鸿章对时世的看法，十七年前，他的老部下张树声在自己的遗折中，已经替他说出来了：

> 夫西人立国，自有本末。虽礼乐教化远逊中华，然驯致富强，具有体用，育才于学堂，论政于议院，君民一体，上下一心，务实而戒虚……中外臣工，同心图治。勿以游移而误事，勿以浮议而隳功，尽穷变通久之宜，以奠国家灵长之业，则微臣虽死之日，犹生之年矣！

图书在版编目（CIP）数据

城史记 / 杨早著. -- 北京 : 北京联合出版公司，
2023.5
ISBN 978-7-5596-6735-9

Ⅰ. ①城… Ⅱ. ①杨… Ⅲ. ①城市史 - 中国 - 文集
Ⅳ. ①K928.5-53

中国国家版本馆 CIP 数据核字 (2023) 第 037651 号

城史记

著　　者：杨　早
出 品 人：赵红仕
选题策划：后浪出版公司
出版统筹：吴兴元
责任编辑：周　杨
特约编辑：林立扬　张宇帆
营销推广：ONEBOOK
封面设计：杨　慧

北京联合出版公司出版
（北京市西城区德外大街83号楼9层　100088）
后浪出版咨询（北京）有限责任公司发行
河北中科印刷科技发展有限公司印刷　新华书店经销
字数167千　787毫米×1092毫米　1/32　8.75印张
2023年5月第1版　2023年5月第1次印刷
ISBN 978-7-5596-6735-9
定价：78.00 元